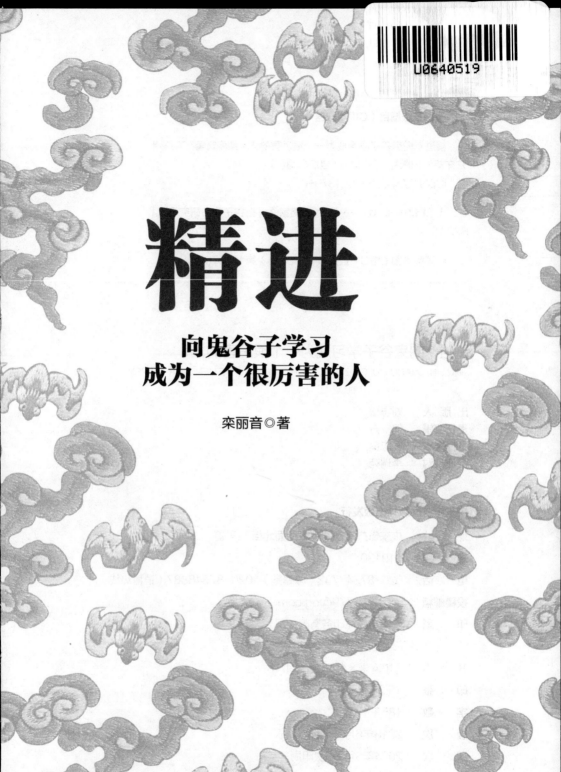

精进

向鬼谷子学习
成为一个很厉害的人

栾丽音◎著

广东旅游出版社
GUANGDONG TRAVEL & TOURISM PRESS
悦读书·悦旅行·悦享人生

中国·广州

图书在版编目（CIP）数据

精进：向鬼谷子学习成为一个很厉害的人 / 栾丽音著. — 广州：
广东旅游出版社，2018.6（2024.8重印）
ISBN 978-7-5570-1379-0

Ⅰ.①精… Ⅱ.①栾… Ⅲ.①纵横家②《鬼谷子》- 研究 Ⅳ.①
B228.05

中国版本图书馆CIP数据核字（2018）第127570号

....

精进：向鬼谷子学习成为一个很厉害的人
JING JIN: XIANG GUI GU ZI XUE XI CHENG WEI YI GE HEN LI HAI DE REN

出 版 人 刘志松
责任编辑 何 方
责任技编 冼志良
责任校对 李瑞苑

广东旅游出版社出版发行

地 址 广东省广州市荔湾区沙面北街71号首、二层
邮 编 510130
电 话 020-87347732（总编室） 020-87348887（销售热线）
投稿邮箱 2026542779@qq.com
印 刷 三河市腾飞印务有限公司
　　　　　（地址：三河市黄土庄镇小石庄村）
开 本 710毫米×1000毫米 1/16
印 张 15.25
字 数 186千
版 次 2018年6月第1版
印 次 2024年8月第2次印刷
定 价 68.00元

本书若有倒装、缺页影响阅读，请与承印厂联系调换，联系电话 0316-3153358

❧ 目 录 ❧

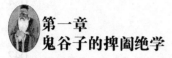

第一章
鬼谷子的捭阖绝学

捭阖是什么？捭之者，开也、言也、阳也；阖之者，闭也、默也、阴也。捭：开的意思，敞开心怀积极行动，采取攻势，或接受外部事物及他人的主张和建议。阖，闭的意思，关闭心扉，把进来的事物化为内在的事物，或不让外来事物进入，取封闭形态。捭阖之道是一种处世智慧，一门推敲技巧，是对人的心理活动的揣摩。古人云，上知天文，下晓地理，中应人事，一切都是为了中应人事，为人所用，而鬼谷子更是从人性入手，将做人的艺术发挥到极致。

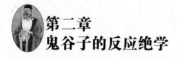

第二章
鬼谷子的反应绝学

本章重点向人们阐述了反应之道，而且一再重申个人的言辞在博弈之中的重要地位。鬼谷子指出，不管是辩论还是游说，都要遵循"重之、袭之、反之、复之"，这样才能在博弈中抓住对方的弱点，从而占领博弈的制高点。而其中，关键在于了解并把握好"反"的诀窍。在这个基础上，再使用"钓言之道"，明白对方的真正意图，从而让自己取得最终的成功。

第三章
鬼谷子的内揵绝学

本章是讲述如何处理人际关系的内揵之道。鬼谷子说，凡事皆有内揵，这个内揵是"素结本始"的。鬼谷子把内揵比喻为"结"，就像一条绳索打了个结一样。本章刚开始就给读者指出，上下级之间的关系是非常微妙的，表面上很亲近的，内心实际上却很疏远；而那些表面上很疏远的，内心其实却非常亲近。本章教会读者使用"内揵"之法，恰当处理上下级关系。

第四章
鬼谷子的揣情绝学

本章讲鬼谷子"揣术","揣"就是揣度的意思,鬼谷子的"揣术"归根结底,就是揣度人情,权衡某一件事情的得失,从而发现其中隐藏的真相。运用在现代生活中,就是告诫我们在和竞争对手博弈时,一定要先揣度对方的心理,挖掘出对方内心的东西。只有这样,才能为我们下一步要采取的措施做好准备。

第五章
鬼谷子的摩意绝学

本章讲的是"摩术",上一章讲到了揣度人心,而本章就是在上一章的基础上,为读者具体提出了怎样去"摩"。我们通过"揣术"了解了对手的真实意图之后,就可以选择下一步用什么方法来和对手博弈,这就是我们所说的"摩术"。擅长摩术的人,必须拥有非常高的逻辑思维能力,能够寻得事物发展的规律,注重细节,懂得大智若愚的好处。

第六章
鬼谷子的参权绝学

鬼谷子精通游说，是先秦纵横家的开山鼻祖。"权"是度量权衡的意思。在本章中，鬼谷子就教我们如何度量权衡别人。和别人交谈，通过对方的谈话可以权衡出对方的实力，也能权衡出对方的性格特点。而这就是我们接下来想占领主动权必须要掌握的东西。这需要我们不但能随机应变，还需要我们有良好的语言沟通能力。

第七章
鬼谷子的谋略绝学

本章和上章是姊妹篇。权是度量权衡的意思；谋是谋略计谋的意思。在上章中，我们知道了如何度量权衡对手，在这章中，我们就会明白针对对手该如何使用自己的谋略，通过任何可以运用的方法，达到最终的目的。鬼谷子指出了谋术的两个原则，一个是要立足实际，第二个是要藏器于身，行事隐蔽。

前言

◎

跟鬼谷子学绝学

鬼谷子本名王诩，是春秋时期卫国朝歌人。他经常进入云梦山采药修道，因为隐居东周阳城清溪的鬼谷，因此自称鬼谷先生，是先秦诸子之一。

作为著名的纵横家，鬼谷子的才能在军事、外交上发挥得游刃有余、淋漓尽致。他被誉为千古奇人，长于持身养性，精于心理揣摩，深明刚柔之势，通晓纵横捭阖之术，独具通天之智！鬼谷子先生的弟子有兵家孙膑、庞涓、尉缭子等，纵横家有苏秦、张仪、毛遂等，还有被誉为商圣的范蠡等，对后世具有深远的影响。

鬼谷子善于从实际出发，细致观察，从而创立了属于自己的一套学说，其中的捭阖绝学，反应绝学，揣摩绝学……都是他的智慧大成。而作为鬼谷子学说的代表作《鬼谷子》一书是一部谋略学巨著，在中国传统文化典籍中历来享有"智慧禁果、旷世奇书"之称，其中集中了心理揣摩、演说技巧、政治谋略的精华，着重于辩证的实践方法，是完整的领导统御与智谋策略的体系，具有浓厚的神秘性。

鬼谷子的学说在我国历史上以其"纵横捭阖"的核心思想曾经指

引着历代无数能人志士走向了成功。在新的时期，这一思想体系所体现出的深度和广度，或许能够使我们应对人生危机，并能够最终指引我们走出困境，迎接希望。如果，我们真正学到了鬼谷子的思想精华，其古老的思想也会闪耀出时代的光芒，照亮我们的人生道路和无限前途！

因此，本书结合当下实际，阐发鬼谷子学说，让读者对鬼谷子的学说能了解得更加透彻，也能帮助读者，特别是职场中人更好地运用鬼谷子的各种绝学计策。

社会的发展日新月异，我们每天都要和各种各样的人打交道，现实生活中有来自柴米油盐的压力，而公司中人尤其还得应对来自各方面的竞争，可以想象，我们每天需要面对形形色色的挑战。那么，怎样才能在公司中立足，怎样才能把事情做得有理有条，怎样才能在竞争中取胜……这些都是我们非常关心的问题。那么，本书可以为你提供借鉴。

捭阖是什么？捭之者，开也、言也、阳也；阖之者，闭也、默也、阴也。捭：开的意思，敞开心怀积极行动，采取攻势，或接受外部事物及他人的主张和建议。阖，闭的意思，关闭心扉，把进来的事物化为内在的事物，或不让外来事物进入，取封闭形态。捭阖之道是一种处世智慧，一门推敲技巧，是对人的心理活动的揣摩。古人云，上知天文，下晓地理，中应人事，一切都是为了中应人事，为人所用，而鬼谷子更是从人性入手，将做人的艺术发挥到极致。

第一章
鬼谷子的捭阖绝学

望风而动，顺风而行

【鬼谷子语录】

粤若稽古，圣人之在天地间也，为众生之先。观阴阳之开阖以名命物，知存亡之门户。筹策万类之终始，达人心之理，见变化之朕焉，而守司其门户。故圣人之在天下也，自古及今，其道一也。变化无穷，各有所归，或阴或阳，或柔或刚，或开或闭，或驰或张。

【语录精解】

纵观上古历史，我们可以看出，圣人在天地之间是作为先知先觉而出现在平民大众面前的。通过观察，他们用阴阳二气的开合变化来认识世间万物，进而知晓世间万物生死存亡的关键所在。精心策划各种事件从开始到结束的发展过程，及时了解人的思想变化规律，并随时观察事件发生变化的征兆，从而把握住事物变化的关键，以求得因势利导。因此圣人们处于天地之间，自古至今，分析事物的思路都能统一到阴阳的变化之中。世间万物的变化是无穷无尽的，但最终都会有各自的归宿。有的归于阴气，有的归于阳气；有的归于柔弱，有的归于刚强；有的归于开放，有的归于封闭；有的归于松弛，有的归于紧张。

每个人的成功都取决于某个关键时刻，这个时刻一旦犹豫不决或退缩不前，机遇就会失之交臂，再也不会重新出现。

因此机遇，是所有成功人士非常注意并善于把握的一个关键点。应该讲，最成功的商战都是抓住机遇紧跟市场而进行的一场智慧之战。

李嘉诚的发迹，就是靠抓住了香港地产和股市大发展的机遇，他的事业壮大，是一部中小地产商借助股市杠杆急剧扩张的历史。

他的生意原则是把握市场脉搏。

"人弃我取，低进高出"是李嘉诚搏击股市的基本原则，他在这方面的实战案例不胜枚举。

天水围之役，是一次典型的"人弃我取，低进高出"战术运用实例。当时，由于一项"惩罚性"决议，使天水围开发计划濒临流产，众股东纷纷萌发了退出之意。

早就看好天水围发展前景的李嘉诚，从其他股东手中折价购入股权。于是，便催生了嘉湖山庄大型屋村的宏伟规划，长实成了两大股东中最大的赢家。

大型屋村的优点是综合能力强，集居住、购物、餐饮、休闲、医疗、保健、教育、交通为一体，便于集中管理，统一规划。屋村之外，还有相配套的工业大厦及社区服务物业。李嘉诚以开发大型屋村而蜚声香港。20世纪80年代，李嘉诚先后完成或进行开发的大型屋村有：黄埔花园、海怡半岛、丽港城、嘉湖山庄。李嘉诚由此赢得"屋村大王"的称号。

这里显示了李嘉诚避实就虚、人无我有的战略思想。李嘉诚由此成为独树一帜的地产大王。在香港，屋村与李嘉诚之间画上了一个等号。

1978年，港英政府开始推行"居者有其屋"计划，采取半官方的房委会与私营房地产商建房两条腿走路的方针。

建成的房分公共住宅楼宇与商业住宅楼宇两种：前者为公建，后者为私建。公房廉价出租或售予低收入者，私房的对象以中高消费家庭为主。李嘉诚的大型屋村计划，就是为这类大众消费家庭推出的。

在港岛北岸的中区、东区、西区，每年都有高层住宅楼宇拔地而起，那是祖传地盘物业的业主和地产商收购旧楼拆除重建的，地盘七零八落，很难形成屋村的规模。

兴建大型屋村不难，难就难在获得整幅的大面积地皮。李嘉诚有足够的耐心，但他绝不会只坐等机会，他在筹划未来的兴业大计之时，仍保持长实的良好发展势头。

1979 年 3 月，李嘉诚与会德丰洋行大班约翰·马登合作发展会德丰大厦。4 月，与"地主"广生行联手发展告士打道、杜老志道、谢斐道的三面单边物业，建成一座 30 万平方英尺的商业大厦。

同年 6 月，他与约翰·马登再次合作组建美地有限公司，集资购入港岛、九龙、新界楼宇物业近 20 座。7 月，与中资侨光置业公司合组宜宾地产有限公司，以 3.8 亿港元投得沙田广九铁路维修站上盖平台发展权，平台面积 29 万平方英尺，计划兴建 30 层高的高级住宅大厦和商业大厦。

1980 年，长实联营公司加拿大怡东财务与九龙仓、置地、中艺（香港）、怡南实业、新鸿基证券合组联营公司，以 13.1 亿港元价格投得尖沙咀西一幢 7.1 万平方英尺的综合商业大厦，建成的单位全部出售。

同年 8 月，李嘉诚与联邦地产的张玉良家族联手合作，斥资 10 亿港元购入国际大厦和联邦大厦，5 个月后，以 22.3 亿港元出售，利润达 100% 以上。

有人问：长实兴建和购得的楼宇，为何大部分做出售用途，而少做出租用途？李嘉诚说："这并不违背我们增加经常性收入的原则，因为要决定将楼宇出售或收租，须看时势及环境而定，而现时楼宇价急升，售楼所能获得的利润远比租屋为多，在为股东争取最大利润的前提下，是将建成楼宇出售为合算。"

同年11月，长实与港灯集团合组国际城市有限公司上市，共同开发港灯位于港岛的电厂零散旧址地盘。

20世纪70年代末至80年代初，李嘉诚在地产业的成绩不俗，令人刮目。几年之后，李嘉诚相继推出大型屋村计划，更是轰动一时，全港瞩目。

李嘉诚一面对屋村运筹帷幄，伺机而动；一面脚踏实地、埋头苦干。人要两条腿走路方踏实，做生意亦如此。

1981年1月，李嘉诚正式入主和记黄埔任董事局主席。

李嘉诚收购和记黄埔的动机之一便是看中了它的土地资源。先前，和记黄埔洋行大班祈德尊，已开始在腾出的黄埔船坞旧址的地皮上发展地产，兴建黄埔新村。

祈德尊不谙地产之道，竟未能在这块风水宝地栽活摇钱树。祈德尊下台，韦理主政，仍未如愿把财政黑洞填满，售房不拣时机，便宜了炒家，坑苦了股东。这幅大型地皮未做满，使李嘉诚有施展的舞台。

李嘉诚酝酿大型屋村已有数年，他仍耐心等待。

1984年12月19日，中国总理与英国首相撒切尔夫人在北京签订了《中英联合声明》。香港前景骤然明朗，恒生指数回升，地产开始转旺。

1984年年底，和黄宣布投资40亿港元，在黄埔船坞旧址的地盘兴建包括商业中心的大型住宅区——黄埔花园屋村。

据媒体披露，李嘉诚1981年就已计划推出这一宏伟计划。时值地产高潮，按当时地价计，和黄需补地价28亿港元。

黄埔花园所用地盘是黄埔船坞旧址。按条例，工业用地改为住宅和商业办公楼用地须补地价。

李嘉诚认为补地价太过于昂贵，遂决定暂缓计划。

李嘉诚有意把与港英政府的谈判，拖延至1983年的地产低潮，结果，李嘉诚以3.9亿港元获得商业住宅开发权。

李嘉诚的审时度势，一下子节省补地价费用达24亿港元之多。

这样，李嘉诚大大降低了发展成本，屋村的每平方英尺地皮成本不及百元。

屋村计划尚未出台，李嘉诚已狠赚一笔，就此一点，已比祈德尊、韦理高出几筹，足见其超人之智。

整个黄埔花园，占地19公顷，拟建94幢住宅楼宇，楼面积约760万平方英尺，共11224个住宅单位，附有2900个停车位及170万平方英尺商厦。

地产低潮时补地价，地产转旺则大兴土木，地产高潮则出售楼宇，由此可见，李嘉诚是一个驾驭时势的人。

如何灵活地运作自己的经商计划，当然离不开对商势的把握。商势之变，不可捉摸，常出人意料。

跟鬼谷子学绝学：鬼谷子之所以被称为圣人，最主要的一点就是他"守司其门户"。就是要分析大的形势，认清时代发展，识时务。

理清脉络，适时而动

【鬼谷子语录】

是故圣人一守司其门户，审察其所先后，度权量能，校其伎巧短长。夫贤、不肖、智、愚、勇、怯、仁、义，有差。乃可捭，乃可阖；乃可进，乃可退；乃可贱，乃可贵；无为以牧之。

【语录精解】

因此，圣人要始终把握事物发展变化的关键，审慎地考察何事当先，何事当后。任用人才要度量其智谋和能力的优劣，考校其技巧才艺的短长。至于人们的贤良与不肖，聪明与愚蠢，勇敢与怯懦以及仁义诸方面，都是有差别的。因而对待各色人等的态度和方法也就彼此不同，有的要放手使用，有的要拒之门外；有的可以重用，有的可以斥退；有的可以轻贱，有的可以推崇。要遵循无为而治的原则加以控驭和掌握。

洞悉规律也就是大局在胸，大局在胸可眼观六路，伺机而动，可一劳永逸。做生意得掌握这些关键点、大学问。晚清的局面是胡雪岩游走官商两界的一个社会平台，但仅有这一条那是远远不够的。胡雪岩能在这个时代中把握变幻莫测的时势大局，是他能够成为商界巨子的重要因素。

胡雪岩善于驾驭时局，首先体现在与洋人打交道这件事情上。随着交往的增多，他逐渐领悟到洋人也不过利之所趋，所以只可使由之，不可放纵之。最后发展到互惠互利，其间的过程都是一步一步变化的。但胡雪岩的确有一种天然的优势，就是对整个时事有先人一步的了解和把握，所以能先于别人筹划出应对措施。有了这一先机，胡雪岩就能开风气，占地利，享天时，逐一己之利。

当我们说胡雪岩对时事有一种特殊驾驭才能时，我们的意思是，因为胡雪岩占了先机，故能够先人一招，从容应对。与纷乱时事中茫然无措的人们相比照，胡雪岩的优势便会显现出来。

清朝发展到道光、咸丰年间，旧的格局受到了冲击。洋人的坚船利炮让一个封闭的帝国突然大吃苦头，随之引发长达几十年的内乱。

这一突然的变故，在封建官僚阶层引起了分化。面对西方的冲击，官僚阶层起初均采取强硬措施，一致要求维护帝国之尊严。随后，由于与西方接触层次的不同，引起了看法上的分歧，有一部分人看到了西方在势力上的强大，主张对外一律以安抚为主。务必处处讨好，让洋人找不到生事的借口。这一想法固然可爱，但却可怜又可悲。因为欲加之罪，何患无辞，以为一味地安抚就可笼络洋人，这无非是一厢情愿而已。

另一部分人则坚持以理持家，主张对洋人采取强硬态度。认为一个国家断不可有退缩胆怯之心，免得洋人得寸进尺。这一派人以气节胜，但在实际事情上仍然难以行得通，因为中西实力差距太大，凡逢交战，必为败局。

还有另外一部分人，因为和洋人打交道多，逐渐与洋人合为一家，一方面借助洋人讨一己私利，另一方面借助洋人为中国做些好事。这一部分人就是早期的通事、买办商人以及与洋人交涉较多的沿海地区官僚。

对于洋人的不同看法，必然产生政治见解上的不同。胡雪岩与何桂清、王有龄见解相近，都是利用洋人的态度，这与曾国藩等人的对洋人的反感态度不同，形成两派在许多问题上的摩擦。胡雪岩因为投身王有龄门下，自己也深知洋人之船坚炮利，所以一直是何、王立场的策划者、参与者，同时也是受惠者。

到了后来，曾国藩、左宗棠观点开始变化。特别是左宗棠由开始的不理解到理解和欣赏，进而积极地要开风气之先，胡雪岩之洋人观得以有了更坚强的依托。基于这种考虑，胡雪岩从来都紧紧依靠官府。从王有龄开始，运漕粮、办团练、收厘金、购军火，到薛焕、何桂清，筹划中外联合剿杀太平军，最后，还说动左宗棠，设置上海转运局，帮助他西北平叛成功。由于帮助官府有功，胡雪岩得以使自己的生意从南方做到北方，从钱庄做到药品，从杭州做到外国。官府承认了胡雪岩的选择和功绩，也为胡雪岩提供了从事商业活动所必须具有的自由选择权，假如没有官府的层层放任和保护，在这样的一个封建帝国，胡雪岩将会处处受阻滞，他的商业投入风险也必然增大。而且由于投入太大而消耗太多，他的经营也不可能形成如此大的气候。

由此可见，胡雪岩对那个时代的时事大局有独到的、超出一般人的应对能力，这也直接决定了胡雪岩事业的成功。

如果做生意仅仅停留在对时局和大势的把握上，那么这种把握就毫无用处，最多是闲暇人的酒后谈资。胡雪岩高明之处是善于顺应时势为自己的生意谋利。

为了结交丝商巨头，联合同行同业，以达到能够顺利控制市场、操纵价格的目的，胡雪岩把在湖州收购的生丝运到上海，一直囤到第二年新丝上市之前都还没有脱手。而这时出现了几个情况：一是由于上海小刀会的活动朝廷明令禁止将丝、茶等物资运往上海与洋人交易；二是外国使馆联合会衔，各自布告本国侨民不得接济、帮助小刀会；三是朝廷不顾英、法、美三国的联合抗议已经决定在上海设立内地海关。

这些情况对于胡雪岩正在进行的生丝销洋庄生意来说，应该是有利的，而且其中有些情况是他事先预料到的。一方面新丝虽然快要上市，但由于朝廷禁止丝、茶运往上海，胡雪岩的现有囤积也就奇货可居；另一方面朝廷在上海设立内地海关，洋人在上海做生意必然会受到一些限制，而从洋人布告本国侨民不得帮助小刀会，和他们极力反对设立内地海关的情况看，洋人是迫切希望与中国保持一种商贸关系的。此时胡雪岩联合同行同业操纵行情的格局已经大见成效，继续坚持下去，迫使洋人就范，将现有存货卖出一个好价钱，应该说不是太难。

但正是在这个节骨眼儿上，胡雪岩出人意料地决定将自己的存丝按洋人开出的并不十分理想的价格卖给洋人。

作出这一决定，就在于胡雪岩从当时出现的各种情况，看出了整个局势发展必然会出现的前景。当时太平天国已成强弩之末，洋人也敏感地意识到这一点，从他们的态度和采取的行动来看，洋人事实上已经决定与朝廷接续"洋务"了。同时，虽然朝廷现在禁止本国商人与洋人做生意，但战乱平定之后，为了恢复市场，复苏经济，"洋务"肯定还得继续搞下去，因而禁令也必会解除。按照历来的规矩，朝廷是不与洋人直接打交道从事贸易活动的，与洋人做生意还是商人自己的事情。正是从这些一般人不容易看出来的蛛丝马迹中，胡雪岩看出

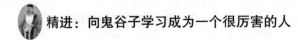

了一个必不可易的大方向，那就是他迟早要与洋人长期合作做生意。

在胡雪岩看来，中国的官员们从来不会体恤商人的艰难，不能指望他们为商人的利益与洋人去论斤争两。因此，与洋人的生意能不能顺利进行，最终只能靠商人自己来运作。既然如此，那就不如先"放点交情给洋人"，为将来的合作留有余地。出于这种考虑，胡雪岩觉得即使现在自己暂时无法实现控制洋庄市场的目标，也在所不惜了。

这就是胡雪岩眼光精明之所在。这一票生意做下来，他虽然没有赚到钱，但由于有这票生意垫底，胡雪岩确实为自己铺就了一条与洋人做更大生意的道路。事实上，胡雪岩在这一笔生意卖给洋人的交情，马上就为他赚来了与洋人生丝购销的三年合约，为他以后发展更大规模的洋庄生意，为他借洋债发展国际金融业，为他驰骋十里洋场，打下了一个良好的基础。

跟鬼谷子学绝学：中国有句俗话：牵牛要牵牛鼻子。意思是一头壮硕的水牛，怎样驱使它去耕田？自古以来，都是刺穿它的鼻子，系上鼻环，用绳子牵着鼻环，牛因鼻痛，就会乖乖听人使唤。同样的道理，只要洞悉了事物发展的规律，那么一切都在你的掌控之中，那还何愁不能成功呢？

审定实虚，跟踪行动

【鬼谷子语录】

审定有无，与其实虚，随其嗜欲以见其志意。微排其言而捭反之，以求其实，实得其指。阖而捭之，以求其利。或开而示之，或阖而闭之。开而示之者，同其情也；阖而闭之者，异其诚也。可与不可，审明其计谋，以原其同异。离合有守，先从其志。

【语录精解】

要鉴别和选择贤才时，必须考察其才能的大小有无，性格品行的虚实优劣；放任其随个人嗜好和欲望行事，以发现其意趣和志向。适当地贬抑或置疑对方的言论，以便刺激他敞开议论；然后再反驳和诘难，从而求得事情的原委，摸清其真实意图。随后，自己闭口不言以挑动对方畅所欲言，以便了解对方所说是否于己有利。全面把握了真实情况后，或者向对方敞开心扉，或者封闭心扉，不露心迹。敞开心扉，是因为双方的意愿相同；不露心迹，是因为双方的意愿相悖。确定计谋的可行与否，应该审慎地对计谋的不同方案进行仔细研究，从而搞清彼此的异同优劣。彼此的计谋或相乖离，或相契合，但有一个根本点要守住，即首先抓住对方的思想。

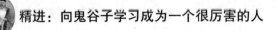

成功者都是善于揣摩对方心理，并满足对方需要的高手，这样即使逆水行舟，也能取得不错的前进速度。这一点，从事营销工作的人应该最有体会。

俗话说，要想钓到鱼，就要像鱼那样思考，而不要像渔夫那样思考。一个聪明的营销工作者总是站在顾客的角度来思考问题。

例如，那些闲逛走进门店的客人，从随意的观察浏览，到被一件漂亮的衣服引起注意，到引发联想：自己穿上是如何的漂亮，再到试穿体验阶段，然后对比评价衣服的价值是否划算，一直到最后是否决定购买等，都是客人的各个心理阶段。这个过程中，营销人员要注意巧妙地发问，来洞悉客户的需求。

通过询问客户来达到探寻客户需求的真正目的，这是营销人员最基本的销售技巧，在询问客户时，问题面要采用由宽到窄的方式逐渐进行深度探寻。如："王经理，您能不能介绍一下贵公司今年总体的商品销售趋势和情况？""贵公司在哪些方面有重点需求？""贵公司对 XX 产品的需求情况，您能介绍一下吗？"

适时地采用扩大询问法，可以让客户自由地发挥，让他多说，让我们知道更多的东西，而采用限定询问法，则让客户始终不远离会谈的主题，限定客户回答问题的方向，在询问客户时，营销人员经常会犯的毛病就是"封闭话题"。如："王经理，贵公司的产品需求计划是如何报审的呢？"这就是一个扩大式的询问法；如："王经理，像我们提交的一些供货计划，是需要通过您的审批后才能在下面的部门去落实吗？"这是一个典型的限定询问法；而营销人员千万不要采用封闭话题式的询问法，来代替客户作答，以造成对话的中止，如："王经理，你们每个月销售 XX 产品大概是六万元，对吧？"

通过直接性提问去发现客户的需求与要求时，往往发现客户会产生抗拒而不是坦诚相告。所以，提问一定要以有技巧、巧妙、不伤害客户感情为原则。药店营业员可以提出几个经过精心选择的问题有礼貌地询问客户，再加上有技巧的介绍药品和对客户进行赞美，以引导客户充分表达他们自身的真实想法。

所以在提问时，不要单方面的一味询问。缺乏经验的营业员常常犯一个错误，就是过多地询问客户一些不太重要的问题或是接连不断的提问题，使客户有种"被调查"的不良感觉，从而对营业员产生反感而不肯说实话。

同时要将询问与商品提示交替进行。因为"商品提示"和"询问"如同自行车上的两个轮子，共同推动着销售工作，营业员可以运用这种方式一点一点地往下探寻，就肯定能掌握客户的真正需求。营业员可以从比较简单的问题着手，如"请问，您买这个是给谁用的？"或"您想买瓶装的还是盒装的？"然后通过客户的表情和回答来观察判断是否需要再有选择地提一些深入的问题，逐渐地从一般性讨论缩小到购买核心，问到较敏感的问题时营业员可以稍微移开视线并轻松自如地观察客户的表现与反应。

也可以通过向客户推荐一两件商品，观看客户的反应，就可以了解客户的愿望了。例如，一位客户正在仔细观看消炎药，如果客户只是简单地应酬了一句，那么药店营业员可以采用下面的方法探测这位客户：

"这种消炎药很有效。"客户："我不知道是不是这一种，医生给我开的药，但已用光了，我又忘掉是哪一种了。""您好好想一想，然后再告诉我，您也可以去问一下我们这里的坐堂医师。""哦，我

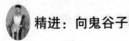

想起来了，是这一种。"

就这样，药店营业员一句试探性的话，就达成了一笔交易。仍以客户所看的消炎药为话题，而是采用一般性的问话，如："您要买什么？"客户："没什么，我先随便看看。"药店营业员："假如您需要的话，可以随时叫我。"药店营业员没有得到任何关于客户购买需要的线索。所以，药店营业员一定要仔细观察客户的举动，再加上适当的询问和推荐，就会较快地把握客户的需要了。

上面讲的虽然是营销工作者的例子，但对于从事其他工作的人来说也是有启迪作用的。因为，人性是相通的，只要我们善于观察和揣摩一定会有所体会和收获。

跟鬼谷子学绝学：有一句话这样说：世界上没有两片完全相同的叶子，世界上也没有完全相同的两个人。因此，我们不管是说话也好，办事也好，都要因人而异。只有了解别人，才能得到我们想要的信息；只有了解别人，才能达到我们想达到的目的。

❦⁂ 考虑周详，谨循规律 ⁂❦

【鬼谷子语录】

即欲捭之，贵周；即欲阖之，贵密。周密之贵微，而与道相追。捭之者，料其情也。阖之者，结其诚也。皆见其权衡轻重，乃为之度数，圣人因而为之虑。其不中权衡度数，圣人因而自为之虑。故捭者，或捭而出之，或捭而内之。阖者，或阖而取之，或阖而去之。

【语录精解】

如果想要开启，最重要的就是作周详考虑；如果想要封闭，最重要的是藏而不露。这两点贵在微妙运用，并且符合客观规律。让对方畅所欲言，是为了估量他的实情；隐藏自己的观点，让对方说话，是为了争取他的诚意。所有这些都是为了使对方的实力和计谋全部暴露出来，以便摸清对方底细。圣人会因此而为君主出谋划策。假如不能探测出对方的底细，圣人便会考虑离去之事。因此，所谓开启，或者是用"开启"的方式辞退一些人，或者是用"开启"的方式接纳一些人。所谓闭藏，或者是用"闭藏"的方式把一些人接纳，或者是通过"闭藏"的方式把一些人辞退。

当你遇到问题难以决定怎么做时，不要盲目行动，而要仔细考虑清楚。等到你对那个问题已完全了解，并摸清了里面的规律，对于解

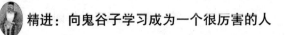

决方法也有了充分的把握之后，再做决定，这时你的成功率会更高。下面的例子可以给我们一些启发。

一位妇女走进一家鞋店，试穿了一打鞋子，没有找到一双合脚的。营业员甲对她说："太太，我们没有合您意的，是因为您的一只脚比另一只大。"

这位妇女走出鞋店，没有买任何东西。

在下一家鞋店里，试穿时遇到了同样的问题。最后，营业乙笑眯眯地解释道："太太，您知道您的一只脚比另一只小吗？"

这位妇女高兴地离开了这家鞋店，腋下夹着两双新鞋子。

不同的服务人员考虑问题的思维不一样，说了不一样话，做了不一样的事，带给客户以不同的感受。导致了不同的销售结果。营业员甲之所以失败，是因为她思考问题不周详，没有遵循客户心理的一般规律，即女性爱美，不喜欢别人说自己的脚大。

在推广自己的产品时，潜在的客户往往会出现各种心理变化，如果考虑不周详，不仔细揣摩客户的心理，不拿出"看家功夫"，就很难摸透对方的真正意图。

你"看"客户的时候，要揣摩客户的心理，并且考虑周详客户究竟希望得到什么样的服务，客户为什么希望得到这样的服务，这是服务人员在观察客户时要不断提醒自己的两个问题。因为各种各样的原因会使客户不愿意将自己的期望说出来，而是通过隐含的语言、身体动作等表达出来，这时，就需要及时揣摩客户的心理。

心理学家做过的实验表明，人们视线相互接触的时间，通常占交往时间的 30%～60%。如果超过 60%，表示彼此对对方的兴趣可能大于交谈的话题；低于 30%，表明对对方本人或话题没有兴趣。

视线接触的时间，除关系十分密切的人外，一般连续注视对方的时间在 1~2 秒钟，而美国人习惯在 1 秒钟内。

一位 30 岁左右的男客户带着自己的母亲来给儿子买钙片，两个人在货架中转上几圈才看到一款心仪的产品。

"这种钙片效果不错，小孩子服用后很容易吸收，很多家长都点名要它。"店员李洋站在一旁介绍着。

"好是好，就是太贵了。不管大人还是小孩，老吃好药也不行。"老太太拿着钙片有些犹豫。男客户刚要说话时，手机突然响了，便走到一旁接听电话。

老太太一个人呆看着那盒钙片，半天迈不开步。

"阿姨，您觉得这个钙片也不错，是吗？"店员李洋走过去问道。

"可这也太贵了。一瓶 200 多元才够吃一个半月。"老太太摇摇头准备将其放回货架。

"阿姨，我一看您就想起我母亲，一辈子都为儿女操心，自己没用过舒心的东西。看来您很疼孙子，连买个药都要亲自跑一趟。既然您看好这个产品，想必买回家给孙子，您自己也会觉得开心。这药价虽然高了点，但一分钱一分货。况且现在药品安全存在隐患，给小孩子还是要购买质量好的保健品。"李洋的一番话让老太太的意志有些动摇。

"是啊，现在都是穷啥也不能穷孩子，我也怕便宜的药会给孩子吃出毛病，我们家都围着他转。"老太太拿着钙片还没撒手。

这时，男客户打完电话也走过来征求母亲的意见。

"大哥，阿姨手里拿的钙片是儿童钙片中最好的，阿姨很满意，您看……"李洋马上将目光转移到男客户身上。

"有点贵。"男客户看看价签，并没有反对的眼神。

"大哥，我觉得这个给小孩子吃比较好，而且阿姨也看上了，拿回去给孙子吃，她心里也会舒服。老人家只要舒服就会减少生病的概率，老人家健康不就是儿女的希望吗？"李洋继续揣测客户心理。

"贵是贵点，不过只要您老觉得好，咱们也不差钱。"男客户的心被李洋说得有些蠢蠢欲动。"妈，您要觉得好，咱们就买下它。"

片刻，老太太便拿着药品开心地朝收银台走去。

著名的发明家爱迪生在谈到自己做事的原则时说："有许多我自以为对的事，一经试验之后，就往往会发现错误百出。因此，我对于任何大小事情，都不敢过早地决定，而是要经过仔细权衡后才去做。"而在现实中我们会发现，有的人在遇到事情时不加考虑急于去做，事后又后悔不迭，给人一种鲁莽毛糙的感觉。如果他能在遇事时多考虑一会儿，仔细权衡一下，虽然并不能保证他一定就会成功，但他的成功率会更高一些，也会给人留下成熟稳重的印象。

美国有个家庭主妇，她的朋友介绍她到某个银行去存钱，这个主妇对她的朋友说："这家银行的信用如何我不大清楚，让我考虑一下好吗？"她在考虑的这段时间，还搜集了一些有关这个银行的信息，并在一个聚会上见到了这个银行的董事长。她发现这个董事长精神不振，完全没有表现出事业得意的样子。她从这个小细节里，判断出这个银行并不景气，于是，把钱存进了另外一家银行。之后不久，朋友介绍的那家银行就倒闭了。如果这位主妇遇事不思考，轻率地把钱存到那家快要破产的银行，其结局可想而知。所以，遇事要考虑周全，尤其是遇到你一时决定不了的事情，要先问自己：是否已经把该考虑的事都想到了？有没有什么遗漏？这件事是不是可行的……

我们无法预知未来，所以很多事成功与否常常取决于我们是谨慎小心还是鲁莽草率。有些人之所以失败，就败在缺乏思考。他们对事情的考虑总是不成熟，只要做得快，他们就会采取行动，最终往往与成功失之交臂。

跟鬼谷子学绝学：鬼谷子在文中强调，捭阖之术，一定要确保周密，不能放过任何一个细节，不能留下任何一个死角，我们平时做事业也一样，不管对任何人，不管做任何事，都不能大意，只有这样，我们才能抓住转瞬即逝的机会；只有这样，我们才能让自己立于不败之地。

❧ 因时而异，得心应手 ❧

【鬼谷子语录】

捭阖之道，以阴阳试之。故与阳言者，依崇高。与阴言者，依卑小。以下求小，以高求大。由此言之，无所不出，无所不入，无所不可。可以说人，可以说家，可以说国，可以说天下。为小无内，为大无外；益损、去就、倍反，皆以阴阳御其事。

【语录精解】

运用捭阖之术时，先用阴言和阳言去试探对方（以确定对方是喜欢阴言还是喜欢阳言）。跟喜欢阳言的人谈论时以使用涉及上述阳类事物的崇高语言为主；与喜欢阴言的人谈论时以使用涉及上述阴类事物的卑下语言为主。这样，我们用卑下的阴言去打动小人，用崇高的阳言去说服君子。因此可以说，用捭阖之术去游说，就没有探测不到的真情，就没有不听从决策的人，就没有不能说服的人。用捭阖之术去游说，可以说动每个人，可以说动每个有封地的大夫，可以说动每个诸侯国的君主，可以说动天下霸主。要做小事就没有内在的限制；要做大事就没有外在的界限。益损、去就、倍反等，都是阴阳之道的行为表现。

人世间所发生的事，都是因人，因时而异的。也就是说，有些事情，同样的环境，同样的条件，换一个人或者换一个时间，结果可能就完全不同。所以成功者都深谙因人而异之道。针对不同的人群，他说话的方式、内容、技巧可能完全不同。

话要因人而异，必须考虑几点因素：

听者的文化知识水平。文化知识水平不同，对说话的接受能力是不同的。比如要表述对社会嫉贤妒能现象的认识，听者为知识分子，可说："木秀于林，风必摧之；堆高于岸，流必湍之；行高于众，众必非之。"但这话就不能再照搬讲给文化水平不高的听众，而可以说"枪打出头鸟""出头的橡子先烂"这样的俗语，对方会更容易接受，讲话才会有效果，激励人同样如此。

听者的个性性格。对方性格外向，透明度高，可以多激励他，他会很自然接受；如果对方比较内向、敏感、较严肃，你过多地激励他，会使其认为你很轻浮、浅薄。因此，在赞扬对方时要注意这一点。

听者的心理特点和情感需求。交谈双方各有欲望，要迎合对方的需求讲激励的话。一个不喜欢淑女型、个性鲜明、男孩子气十足的女子，你夸她如果长发披肩、长裙摇曳，定会婀娜多姿，美丽迷人，她也许不会感激你，还有可能骂你多管闲事。如果了解她的心理，夸她短发看起来又精神又有活力，她一定会开心。

19世纪的维也纳，上层妇女喜欢戴一种筒高檐宽的帽子。她们进剧院看戏，仍然戴着帽子，挡住了后排人的视线，对剧院要求女客脱帽的规定不予理睬。剧院经理一日灵机一动，在台上说："女士们请注意，本剧院要求观众一般都要脱帽看戏，但是，年老一些的女士——请听清楚——年老一些的女士，可以不必脱帽。"此话一出，全场的女性全部自觉把帽子脱了下来：谁愿意承认自己年纪老呀！

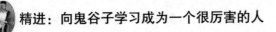

这位聪明的经理正是利用了妇女们爱美爱年轻的心理特点和感情需求，使原先头痛的问题迎刃而解。

听者的性别特征。与不同性别的人讲话，应选择不同的方式。对体胖的女子，你说她又矮又胖，一定会令她反感；但你夸她一点不胖，只是丰满，她会得到几分心理安慰，不会因为自己胖而自卑。而对同样体形的男子，你说他矮胖子，他也许只是置之一笑。

听者的年龄特征。你若想打听对方的年龄，不同年龄要采取不同问法。对小孩子可以直接问："今年几岁了？"对老年人则要说："今年高寿？"对年龄相近的异性不可直接问，要试探着说："你好像没我大？"对年纪稍大的女性，年龄更是个雷区，问得不好讨人厌。一个40岁的中年女子，你开口道"快50了吧"，对方一定气愤不已，你小心地问"30出头了吧"，她一定会心花怒放，笑逐颜开。

听者的心境特征。俗话说：入门休问枯荣事，观看容颜便得知。在激励别人时，要学会察言观色。一个为事业废寝忘食的年轻人，便可以称他"以事业为重，有上进心"；一个为了债务焦头烂额，心绪不宁的企业家，你夸他"事业有成，春风得意"，对方也许会认为你是在讲风凉话，这种话便会起到适得其反的作用。

除了以上因素，还要考虑不同职业、不同宗教信仰等因素。列宁说："对马车夫讲话应该不同于水手，对水手应该不同于对排字工讲话。"陈毅某次出访东南亚，一宗教界人士送他一尊菩萨，他见机谢道："有了菩萨保佑，我更不怕帝国主义了。"这里陈毅借用宗教术语，显示了对宗教的尊重，对宗教界人士的谢意，有深意而不乏风趣幽默。

有的人说话、做事不分对象，心里想什么就说什么，可是说者无心，听者有意，在不知不觉中就会得罪了许多人，给自己制造很多不必要的麻烦，甚至还会造成一些无法挽回的损失。只有掌握了因人、因时而异的说话技巧，在交往中遇到不同的人说不同的话，迎合对方的心理，从而博得对方的好感，只有这样，才有可能达到自己的目的。

跟鬼谷子学绝学：俗话说：世界上没有两片相同的叶子。对于人也一样，世界上也没有性格相同的两个人。所以，我们必须要学会看人说话，见什么人说什么话。

本章重点向人们阐述了反应之道，而且一再重申个人的言辞在博弈之中的重要地位。鬼谷子指出，不管是辩论还是游说，都要遵循"重之、袭之、反之、复之"，这样才能在博弈中抓住对方的弱点，从而占领博弈的制高点。而其中，关键在于了解并把握好"反"的诀窍。在这个基础上，再使用"钓言之道"，明白对方的真正意图，从而让自己取得最终的成功。

第二章
鬼谷子的反应绝学

ᗒᔆ 反复而得，圣人之意 ᔆᗕ

【鬼谷子语录】

古之大化者，乃与无形俱生。反以观往，复以验来；反以知古，复以知今；反以知彼，复以知此。动静虚实之理不合于今，反古而求之。事有反而得复者，圣人之意也，不可不察。

【语录精解】

古代具有深远教化的圣人，是与无形的自然之道（自然规律）共生的。回首以观察既往的历史，然后再据以向前去验证未来；回首以了解历史，然后再据以了解当今；回首以认识他人，然后再据以认识自己。动静、虚实的道理，若与现实不符，就追溯到历史中去考察前人的经验。有些事情往往需要反复探索才能把握，这是圣人的见解，不可不认真地加以考察。

人生充满了磨砺，更充满机遇。磨砺往往更像是储备，为的是抓住机遇，抑或是创造机遇。而在这之前，反复的尝试总是必不可少，我们总得率先了解自己更擅长在哪类工作中出彩，才能有的放矢。

值得一提的是，每一次尝试都未必意味着成功，可在这个关键的节点，我们到底是就此放弃，还是继续探索，就显得尤为重要了。倘若我们有幸了解"反复而得，圣人之意"的道理，起码知道真正的"反

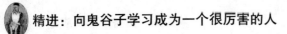

复"到底是什么，结局或许就大不一样了。

汽车之家的创始人李想，成名已久，他的经历始终围绕着"汽车"两个字。1999 年，做起 IT 资讯网站；2005 年，资讯网站开始锁定在汽车方面；2012 年，汽车之家的收入超 10 亿元，正在积极准备上市。

触控科技创始人陈昊芝，是与李想相识十几年的老朋友，同样坚持创业，近两年来因为《捕鱼达人》才被大众所熟知。1999 年起，他不断参与、创办或投资公司，如卓越网，一家电商网，联众，游戏点卡销售公司，爱卡汽车网，一家 SNS 社区网站，译言，盛世收藏网等等，有的是以失败告终，有的是中途放弃，直到 2011 年，《捕鱼达人》上线，让他尝到了成功的滋味，据保守估计，他 2013 年收入在 10 亿元左右。

陈昊芝说："我跟李想十几年前就认识，做个人网站而言，他是我小弟。他是把一件事干了十几年，我是十几年干了很多事。"

有些人常会问一个问题，那就是如果陈昊芝此前没在其他领域折腾那么久，而是直接投身移动游戏创业，如今是不是可能取得更大的成就？对于这个问题，陈昊芝认为，没有之前的折腾和失败，也许也就没有如今的成功。事实上，有了之前的不断尝试，才有了最后的质变。

李想与陈昊芝有相同，也有不同。李想是一直扎根在产品资讯领域，而陈昊芝是不断在不同领域寻求契机，相同之处在于，二者都是在不断尝试，不断积累。

周鸿祎同李想、陈昊芝一样，都经历过屡战屡败、屡败屡战的过程。周鸿祎创建的"360"突破一百亿美金市值，成为仅次于 BAT（百度、阿里巴巴、腾讯）三大家的互联网公司势力。

周鸿祎早先做"3721"，随后卖给雅虎，而这次出手被他称为是"百亿美金的教训"。一气之下，周鸿祎离开雅虎，开始做VC（风险投资）。起初，360侧重于搜索、社区等，然而无一幸免。周鸿祎真的失败了吗？并没有，他正在挫折中为360积攒实力。

2010年，"3Q大战"，360叫板腾讯，展现了360的实力。与李想、陈昊芝和周鸿祎一样的，还有雷军。

雷军是励志的典型，当了20年老板，却始终处在半死不活的状态，搞得整个人甚是疲惫。40岁时，"洗心革面"再出发，重新创业，打造出了一个与众不同的崭新模式。他花了三年半的时间，让小米科技达到百亿美元市值，一跃成为行业内的佼佼者。雷军可谓是大器晚成，他资格老，人聪明且勤奋，却用了二十多年时间打酱油，许多人为他感到可惜，殊不知，正是由于那二十多年的积淀，他的"尝试"才出了大成果，才有了全新的雷军和小米。

显而易见，这些成功者都无一例外地选择反复性尝试，最终才收获了另一种人生果实。人生需要不断地尝试，在这个持续不间断的过程中，能始终坚持不放弃者，或者不安于现状，积极进取者，都将在反复中得到精神层面的慰藉和物质上的回馈。

杨扬前后共参加三届冬季奥运会，斩获两金两银一铜五枚奖牌，是中国冬奥历史上的首位冠军得主，一举打破了中国冬奥史上金牌"零"的纪录。她的运动生涯达二十余年，期间，获得世界冠军59个，成为中国至2008年为止获得世界冠军次数最多的运动员。

经过二十余年的南征北战，杨扬终是到了退役的时候。退役后，她在2010年当选为国际奥委会委员，也是第十位担任国际奥委会委员的中国人。

实际上，运动员退役后，要面临转型问题，要告别熟悉的赛场，

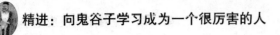

走上新的职场。对于这个问题，杨扬表示："成功不能单看成绩，还要看状态。我也有差不多一年的时间比较彷徨，失去了方向，我的经验是不断尝试。我当时有3点要求：做自己喜欢的事情，做自己力所能及的事情，做自己应该做的事情，要有社会责任感。"

为了能够通过不断尝试找到新的定位，杨扬去清华大学补充知识的营养，以便为自己更好的转型做铺垫。随后，杨扬开始经营自己的飞扬冰上运动中心，立志于在冰场的商业化运行上开拓一条属于自己的道路。她说："对于我来说，滑冰是我的专业，我当时有一个愿望，希望有一个自己的滑冰学校，希望自己的特长能得到延续。23年的运动生涯，我知道体育给我带来了什么。专业也好，理想也好，我会努力去推动这件事情。"

杨扬的人生重点除了放在飞扬冰上运动中心之外，也同样心系中国申办冬季奥运会的进程，她说"希望有朝一日在国家申办冬奥会的过程中发挥自己的作用。"为了更好适应自己的新角色，杨扬不断开阔自己的眼界，多积累，多尝试。

杨扬说："我很幸运，当了委员正赶上新任主席的竞选。我刚开始不知道如何应付这些拉票，我向老委员讨教，学会了发问：你用什么来说服我，我也学会了如何去争取我们自己的权益。在这个过程中，我也积累了很多经验，譬如以后我们要申办冬奥会，如果我有幸参与，我就知道怎么做、怎么去拉票，可能效果更好。"

不断尝试，不断探索，寻求生命中未曾有过的光彩，这种奋斗之美弥足珍贵。我们因何反复，至此也有了更明确的答案：为的是让我们的人生变得更加饱足。

跟鬼谷子学绝学： 对于前人总结出来的经验，我们需要利用。用这些经验来很好地提高自己。在日常的生活中，我们在羡慕别人成功，惋惜别人失败的同时，也应该从他们的成功和失败中得到一些东西，为我们日后所用。并且反复坚持自己的目标，持续不断地努力。

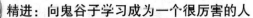

欲扬先抑，欲取先予

【鬼谷子语录】

古善反听者，乃变鬼神以得其情。其变当也，而牧之审也。牧之不审，得情不明。得情不明，定基不审。变象比必有反辞以远听之。欲闻其声，反默；欲张，反敛；欲高，反下；欲取，反与。

【语录精解】

古代善于反过来听取人言的人，可以通过变幻莫测的手段而获得实情。对手的变化是得当的，因而掌握对手的情况就能周密详细。不详细调查了解，得到的情况就不明确，得到的情况不明确，奠定的基础就不稳固。对方讲话的形貌与比较的事例变化了，一定要有相反的言论。让对方先说，静听对方言论，想要对方发言自己要保持缄默，欲使对方张开自己反而收敛，欲达到升高就要先下降，欲获取反而先给予。

每一位干大事的人，都懂得人际关系的重要性，更懂得将欲取之，必先予之的道理。李嘉诚作为一位杰出的领导者，更是把它当作重中之重来处理。

他身体力行，做到事事以考虑别人为先，千金面前不忘义，从而建立了良好的人缘，同时自己也因此受益匪浅。李嘉诚在董事袍金上的做法就是一个很好的例子。

李嘉诚出任 10 余家公司的董事长和董事，董事局为他开支优厚的董事袍金。但他把所有的袍金归入长实公司账上，自己全年只拿 5000 港元，而且他为和黄公差考察、待客应酬都是自掏腰包，不在和黄财务上报账。

这 5000 港元，还不及公司一名清洁工在 80 年代初的年薪。以 80 年代中的水平，像长实系这样盈利状况甚佳的大公司主席袍金，一个公司就该有数百万港元。进入 90 年代，便递增到 1000 万港元上下。

李嘉诚 20 多年维持不变，只拿 5000 港元。按现在的水平，李嘉诚万分之一都没拿到。

李嘉诚每年放弃数千万袍金，获得了公司众股东的一致好感。爱屋及乌，大家自然也信任长实系股票。甚至李嘉诚购入其他公司股票，投资者莫不步其后尘，纷纷购入。

李嘉诚是大股东和大户，得大利的当然是李嘉诚。有公众股东帮衬，长实系股票被抬高，长实系市值大增。李嘉诚欲办大事，很容易得到股东大会的通过。对李嘉诚这样的超级富豪来说，袍金算不得大数，大数是他所持股份所得的股息及价值。

1994 年 4 月至 1995 年 4 月的年度，李嘉诚所持长实、生啤、新王股份，所得年息共计有 12.4 亿港元——尚未计他的非经常性收入，以及海外股票的年息。

有人说，一般的商家，只能算精明。唯李嘉诚一类的商界翘楚，才具备经商的智慧。舍利取义，舍小取大，李嘉诚又是其中最最聪明的人。

此外，李嘉诚将长实旗下部分公司私有化的一些做法也充分体现了他见利不忘义的品格。

李嘉诚之所以将部分公司实行私有化，主要有两个方面的原因：

第一，李嘉诚所控的长实系集团够庞大了，仅就长实、和黄、港灯三家巨型公司的规模而言，已足以获取浩大的集资计划。因此，将部分公司私有化，并不影响长实日后的集资扩张。

第二，私有化以后的公司，将重新变为不受公众股东和证监会制约监督的公司，因而有利于保守商业秘密，也不必再像公众公司那样向公众公布财务经营状况。

要实行私有化，时机选择是一个很关键的问题。骑牛上市，借熊退市是大股东选择的最佳时机。道理谁都懂，但真正掌握好时机，并非那么简单，而要显出大度来，减少小股东的怨恨，则更不容易。李嘉诚实行私有化时，却兼顾了这两点，再一次显示了他与众不同的人格魅力。

1984年，中英就香港前途问题的联合声明签订后，香港投资气候转晴，股市开始上扬。1985年10月，李嘉诚宣布将国际城市有限公司私有化，出价1.1港元，较市价高出一成，亦较该公司上市时的发售价高出0.1港元。

对于这种价格，小股东自然是大喜过望，纷纷接受收购。李嘉诚这次提出私有化，正在牛市之时，付出了较高的收购代价。如果是赶在两年前或等到两年后的熊市之时，再进行私有化，就能够实现低价收购。

对此，有人认为一贯善于把握时机的李嘉诚看走了眼，没有抓住实行私有化的最有利时机。

其实，以李嘉诚多年的商业经验、运筹帷幄的商业技巧和坚实的经济基础，完全可以在股市低潮这种有利的条件下，用超低的价格收归到自己的手中。但他并没有这样做，他充分考虑到了小股东们的不易。他们资金少，赚得的利润也少，这一次竞争也许一下子就把他们置于死地了。他说，我不是没想过借熊退市，但趁淡市以太低的价钱收购对小股东来说不公平。所以，李嘉诚实行了他们较为满意的收购价格。李嘉诚的这种千金面前不见利忘义的品格实在是难能可贵的。

古人有"得民心者得天下"的道理。李嘉诚这种成全他人利益的方法，无疑是得到了人心，所造成的良好影响虽然看不见，但处处都可能对他产生良好的作用。许多人自作聪明，将损人利己当成本事，殊不知，懂得照顾别人的利益，才是真正的智慧。

人活在世上不能光顾一己之利。仅把目光停留在个人利益上，而舍不得为别人付出半分半厘的人，最终只能赚得一时小利，而失去长远之大利。如果我们在决定做一件事情之前能想想别人的利益和感受，那么我们会发现我们的道路会因此而越变越宽阔。

跟鬼谷子学绝学：有一个成语说得好："欲擒故纵"。想要从别人那里得到利益，必须先给别人一些利益，所谓"合作双赢"，就是这个道理。我们做什么事情必须要明白这个道理，天下没有免费的午餐。

模仿类比，得其情诈

【鬼谷子语录】

欲开情者，象而比之，以牧其辞。同声相呼，实理同归。或因此，或因彼，或以事上，或以牧下。此听真伪，知同异，得其情诈也。

【语录精解】

想要开启情怀，可以通过以模仿和类比来套引对方，再以此考察对方言辞情况，与对方心理契合发生呼应，就能得到真实情况。可以从这条线索开始，也可以从那条线索开始，可以从谈论事奉君主的事开始，也可以从谈论统治国家的事开始。这是为了辨别其中的真实与虚假，考察其中相同与相异之处，弄清是实情还是虚假。

对自己身上所不具备的东西感兴趣，这是人的本性。因此，在与他人沟通的过程中，要充分利用这一点。

世界上没有两个一模一样的人。在和别人打交道的时候，我们更多时候是去面对别人与众不同的特点，有时甚至是缺点，所以，找到别人和自己的契合点非常重要。

和谐的关系是懂得彼此的差异性并力求互补的结果。对自己身上所不具备的东西感兴趣，这是人的本性。一起玩得特好的朋友，也常常是彼此互补的人。

民国时期的国学大师黄侃留学日本时，结识了刘师培，两人相与筹谋革命，相互学习，交往日深，成为知己。

辛亥革命后，袁世凯想恢复帝制，便四处拉拢社会名流，他找到黄侃，并赠大洋3000元和一枚一等金质嘉禾勋章，想让黄侃为他写《劝进书》。黄侃拿了袁世凯的赏钱，却并不做事，整天四处游玩，并将那枚勋章挂在一只黑猫的脖子上。而刘师培经不住富贵利禄的引诱，先变节为密探，后来成了"筹安会"六君子之一。

刘师培有一次劝黄侃支持帝制，黄侃声色俱厉地说："如此等事，请先生一身任之。"然后拂袖而去，在座的其他人也跟着黄侃一哄而散，弄得刘师培狼狈不堪。

1917年，黄侃与刘师培再次在北京相遇。此时的刘师培因参加"筹安会"，正处于穷困潦倒之际。黄侃便到蔡元培那里，推荐刘师培在北京大学授课，解决了刘的生计问题。

两年以后，重病在身的刘师培，因怕自己平生所学失传而焦心。黄侃安慰道："君今能在北大授课，就别再为无人接续而发愁了。"刘凄然说："那些人都没有能力担当此任！"黄侃禁不住问："那谁能担当呢？"刘师培说："唯君足以担当此任！"黄侃正色道："如果真是那样，刘先生不弃，侃愿执经受业。"

第二天，黄侃叫妹夫预订上好酒席一桌，将仅年长两岁的刘师培请至上席，叩头行拜师大礼，从此对刘师培改称老师。黄侃还对妹夫说："《三礼》为刘氏家学，今刘肺病将死，不这样做就不能继承绝学。"

数月后，36岁的刘师培终因肺病不治而早逝。黄侃以弟子之名亲撰《先师刘君小祥会奠文》以示哀悼。小学是经学的工具，而经学又是小学的材料。作为小学大家的黄侃如此重视经学，令人赞叹不已。他拜朋友为师，也成为士林佳话。

黄侃就是能够找到和朋友的契合点的人。在刘师培成为"筹安会"六君子之后，仍然和他来往，并在最后，为不使刘的绝学失传，毅然改朋称师。虽然在政治上，两人观点鲜明，截然不同，但正是两人对国学的热爱才使他们一直都保持着很好的关系。所以，在我们和别人相处的时候，不要只看到别人与自己的分歧，应该多看到朋友的优点，找到彼此都能相互接受的地方，相互学习，来扩大自己的"面积"或者"容量"。这是一个相互磨合互补的过程。

哈维·麦凯，如今拥有价值数百万美元的麦凯信封公司。他大学刚毕业的时候，十分迷恋高尔夫球，想成为一名职业高尔夫球手，但遭到了父亲的强烈反对。父亲为了让他彻底放弃高尔夫球，做一些实实在在的事，经常安排儿子和一些已取得了巨大成就的企业家们接触。父亲很清楚儿子是个英雄崇拜者，这些"英雄"们一定会对他产生影响。

有一次，哈维·麦凯刚刚迈进汉姆·弗利的办公室，这位职业政客就从椅子里跳起来，热情地说："哈维，亲爱的，一位很好的高尔夫球手，真羡慕你。我多想也能有你这种天分。"说着他把哈维拉到了窗前，指着白宫的方向继续说："艾森豪威尔就是一个出色的高尔夫球手，说不定现在这位总统正在他办公室的地毯上练习高尔夫呢。努力吧，哈维，你也会成为一个总统的。"

哈维清楚地知道，这位政客把他当作了工作的对象——一位即将成为选民的青年。只几分钟时间，这位老练的政客就征服了他的对手，使哈维成了他的朋友、竞选支持者和资助者。对方找到了他需要的一面，而哈维也得到了他的一面：他决心要学汉姆·弗利的精神，照着他的长处去做事，果然长进很大，走向了成功。

　　所以，与人相处都可以找到让自己学习的一面，也就是说能结合到你看好的那一面。要尽最大的努力去了解和你相处的人们，这样你才能找到你和他们的契合点。找到以后，就尽量在这个契合点上多做接触，对于有分歧的地方，尽量避开，这样你的朋友就会一个一个地多起来，你在人群中也会逐渐变得受欢迎。

　　跟鬼谷子学绝学：在我们做任何一件事之前，我们应当借鉴前人的方法和理念，在不违反规则的前提下，确定自己做事的方法和原则。这样的话，我们才能将自己身上的优势发挥出来，我们才能把事情做好。

虽非其事，见微知类

【鬼谷子语录】

动作言默，与此出入；喜怒由此以见其式；皆以先定为之法则。以反求复，观其所托，故用此者。己欲平静以听其辞、观其事、论万物、别雄雌。虽非其事，见微知类。若探人而居其内、量其能、射其意；符应不失，如腾蛇之所指，若羿之引矢。

【语录精解】

行动举止、言语多寡，都与此相关，喜怒情绪都可以从这里看到先兆，都是于情理之中的。反反复复，观察对方情之所托，都是用这种方法。首先要使自己平静下来，以便听取对方的言辞，进而考察言辞中的事理，探讨事物的兴衰，辨别事物的真伪异同。即使对方所谈不是我们急于想要得到的信息，属于比较次要的信息，但是我们可以根据其中细微的征兆，发现某些事物变化的迹象，进而推断出重要的信息。就像刺探敌情而深居敌境一般，要首先估计敌人的能力，其次再摸清敌人的意图，像合乎符验一样不失基准，像蛇扑向目标一般准确，像后羿张弓射箭一样百发百中。

唐代武则天时，湖州别驾苏无名以善于侦破疑难案件而闻名朝野。一次，他到神都洛阳，恰巧碰到武则天的爱女太平公主的一批宝物被盗，武则天诏令其破案。

原来武则天赏赐给太平公主各种珍贵宝器共两盒，价值黄金千两。太平公主收到母亲这批赐物，带回家中密藏了起来。但是，一年之后宝物不翼而飞。这是圣上御赐的宝物，太平公主不敢隐瞒，立即告诉了武则天。

　　武则天知道后，认为有损她的脸面，恼羞成怒，立即召来洛州长史，诏令他两日内破案，如限期之内不能缉盗归案，则以渎职、欺君问罪。

　　洛州长史恐惧万分，急忙召来州属两县主持治安缉盗的官员，向他们投下制签，下令两日之内破案，否则处以死罪。两县的缉盗官员们无力破获这样的大案，只是依照长史的做法，召来一班吏卒，严令他们在一日之内破案，否则也是处以死罪。一件疑难大案的侦破任务，便如此一层一层地推了下来。

　　无法再往下推的吏卒们手中拿着上司的死命令，一时慌了手脚，只得来到大街上碰运气。恰好，他们碰上了苏无名，于是便一拥而上将这桩"御案"告诉了他。苏无名听完后，吩咐他们如此如此，便同他们一块来到衙门。一进衙门，这班吏卒向着主管缉盗的官员高呼："捉住盗贼了！"他们的话音还未落地，苏无名已应声进了厅堂。缉盗官一问，眼前来的乃是湖州别驾苏无名，便转身怒斥吏卒们："胆大妄为之徒，怎能如此侮辱别驾大人！"

　　苏无名一见缉盗官训斥下属，便朗声大笑道："不要怪罪他们。他们请我来此为的是侦破公主宝物被盗的御批大案！"缉盗官一听苏无名是为破案而来，惊喜万分，便急忙向苏无名请教破案的妙策。苏无名不动声色，只是说："你我立即去见洛州府长史。见了长史，你只需告诉他，御案由我湖州别驾苏无名来主持侦破即可。"缉盗官依了苏无名的主意，带他前往洛州府。

缉盗官和苏无名二人来到洛州府。长史一听破案有了指望，立即行礼迎接苏无名，感激涕零地拉着苏无名的手说道："今日得遇明公，是苍天有眼，赐我一条生路啊！"说完，洛州府长史屏退左右，向苏无名征询破案的妙策。苏无名依然是不急不忙地说："请府君带我求见圣上。在圣上谕旨之下，我苏无名自有话说！"洛州府长史急于破案交差，立即上疏朝廷荐举苏无名破案。

苏无名心中已有了破案之策，故而他见了缉盗官，又要见长史，见了长史又要进见圣上，这一系列的举措都是有目的的。

武则天看过洛州府长史的上疏后，决定立即召见湖州别驾苏无名。

在洛阳的宫殿上，苏无名见到了武则天。武则天劈头一句便问："你果真能为朕捉到盗宝的贼人吗？"苏无名答道："臣能破案！如果圣上委臣破案，请依臣三事：一、在时间上不能限制；二、请圣上慈悲为怀，宽谅两县的官员；三、请圣上将两县的吏卒交臣差使。如依得臣下所请三事，臣下将在两个月内，擒获此案盗贼，交付陛下。"

武则天听完之后，看了看苏无名，便点头应允了他的条件。谁知苏无名奉旨接办御案之后，没有动静，一晃就是一个多月的光景过去了。一年一度的寒食节来临了。这天，苏无名召集两县大小吏卒会于一堂，准备破案。他吩咐所有破案人员全部改装为寻常百姓，分头前往洛州的东、北二门附近巡游侦查。无论哪一组，凡是遇见胡人身穿孝服，出门往北邙山哭丧的队伍，必须立即派员跟踪盯上，不得打草惊蛇，只须派人回衙报告即可。

这边苏无名刚刚坐定，就见一个吏卒喜滋滋地赶了回来。他告诉苏无名，已经侦得一伙胡人，其情形正如苏无名所说，此刻已在北邙山，请苏无名赶去定夺。苏无名听后，立即下令衙役备马，与来人赶往北邙山坟场。到达之后，苏无名询问盯梢的吏卒："胡人进了坟场之后表现如何？"吏卒回报说："一切如别驾大人所料，这伙胡人身着孝服，来到一座新坟前奠祭，但他们的哭声没有哀恸之情，烧些纸钱之后，即环绕着新坟察看，看后似乎在相互对视而笑。"苏无名听到这里，大喜击掌，说道："窃贼已破！"立即下令拘捕那批致哀的胡人，同时打开新坟，揭棺验看。吏卒奉命逮捕了胡人，但对开棺之令不免犹豫不前。苏无名见状，笑道："诸位不必疑虑，开棺取赃，破案必在此举！"于是，吏卒们动手掘坟开棺。随着棺盖缓缓开启，棺内尽是璀璨夺目的珠宝。检点对勘之后，证实这些正是太平公主所失的宝物。

苏无名一举侦破太平公主的失窃大案，震动了洛阳。武则天下旨再次召见苏无名，问他是如何断出此案的。苏无名应召进殿，对道："臣下并没有什么特殊的神谋妙计，来洛阳汇报工作的途中，曾在城郊邂逅了这批胡人。凭借臣下多年办案的经验，当即断定他们是窃贼，只是一时还不知他们下葬埋藏的地点，只得耐心等待。寒食节一到，依民俗，人们是要到墓地祭扫的。我料定这批借下葬之名而掩埋赃物的胡盗，必定会趁这机会出城取赃，然后相机席卷宝物逃走。因此臣下差遣两县吏卒便装跟踪，摸清他们埋下宝物的地点。据侦查的吏卒报告，他们奠祭时不见悲切之情，说明地下所葬不是死人；他们巡视新坟相视而笑，说明他们看到新坟未被人发觉，为宝物仍在坟中而高兴。因此我决定开棺取证，果然无误！"

苏无名继续说道："假如此案依陛下两天之限，强令府县去侦破，结果必因风声太紧，窃盗们狗急跳墙，轻则取宝逃亡，重则毁宝藏身。那么，在证毁贼逃的情况下，再去缉盗追宝，就势必事倍功半了。所以陛下急破之策不宜行，急则无功。现在，官府不急于缉盗，欲擒故纵，盗贼认为事态平缓，就会暂时将棺中宝物放在那里。只要宝物依然还在洛阳近郊，我破案捕盗就轻如囊中取物！"

苏无名的一番话，说明一个道理，做什么事都不能急于求成，必要时敢于放弃，然后善于收手。耐心等待，不急不躁，伺机而动才能稳打稳扎。人生路上，既要健步如飞，又需稳妥前行。脚踏实地地坚持不懈，机会总会垂青于你。进退自如便是英雄。

跟鬼谷子学绝学： 人生路上，我们不可能事无巨细，但我们要把重要的东西和事情了解清楚，分清主次，才能让我们为了目标而奋斗，才能让我们的人生丰富多彩。

先要知己，才能知人

【鬼谷子语录】

故知之始己，自知而后知人也。其相知也，若比目之鱼；其见形也，若光之与影；其察言也不失，若磁石之取针，若舌之取燔骨。

【语录精解】

所以要想掌握情况，要先从自己开始，只有了解了自己，然后才能了解别人。只有了解了别人后，才能像相亲相近的比目鱼一样没有距离；透过对方的外形，就可以探知他的心灵世界，就像光和影子一样相随不可分离。如此观察对方的言辞，就不会出现偏差，其容易程度有如磁石吸钢针、舌头舔烧骨一般了。

生活中很多人都不能正确地认识自己，经受一些挫折、一点打击，就悲观失望、垂头丧气、怨天尤人、惊慌失措。甚至因为不能正确地认识自己，在极度悲观中绝望轻生，这样的例子，古今中外，不胜枚举。让我们看一看凡·高吧！

文森特·凡·高是荷兰凡·高家族的一分子，他的家族是几乎垄断了荷兰美术市场的画商，他的父亲是一个受人敬重的牧师，而他最初的愿望就是能够做一个很好的布道者，能够为人们"传播福音"。

他在叔叔的一个画店里工作，这样他可以挣钱养活自己，他甚至

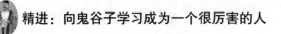

很可能成为他叔叔的继承人来继承一大笔财产，而他却选择了离开。

1869年，凡·高跟随欧洲一个有名的艺术品商人哥比尔开始经商，那时的凡·高由于年龄小，脾气暴躁，在推销艺术品时，经常和雇主争吵，于是被哥比尔解雇了。

凡·高来到英国，在伦敦一家规模很小的寄宿学校教法文。由于他没有及时收缴贫穷学生的学费，受到牧师的责骂，因而又离开了这所学校。

1881年，28岁的凡·高成了世界上最孤独的一个人。也就是这时，他开始画画了，他画了一张又一张比利时矿工的素描。他基本上不懂绘画的技法，当然也没有人来买他画的画。

1886年2月，凡·高前往巴黎与弟弟提奥同住。提奥在当时已是小有名气的画商了，他十分推崇印象派和新印象派、后印象派画家。在弟弟的介绍下，凡·高结识了高更、贝尔纳、劳特累克、毕沙罗、修拉等画家。这一时期的凡·高深受印象派绘画的影响，画面变得明亮清新，并运用了如点彩法等的一些印象派技法。同时，他也开始了著名的自画像的创作。

1888年初，35岁的凡·高厌倦了巴黎的城市生活，来到法国南部小城阿尔勒寻找他向往的灿烂的阳光和无垠的农田，他租下了"黄房子"，准备建立"画家之家"。他的创作也进入了巅峰。《向日葵》《夜间咖啡座——室外》《夜间咖啡座——室内》都是这一时期的代表作。但他依然只能靠弟弟提奥的资助生活。

在绘画这一职业追求中，如果得不到别人的赞许和认同是很难支撑下去的，但是他得到更多的是打击，在凡·高最艰苦的阶段，他每个月的最后几天都躺在床上，以此来化解饥饿的威胁，我们可以想象这种经历是多么让人心酸。

当时，上流社会的绅士们需要的是一些精致的小肖像画，或者是完美的风景画。他们喜欢忧伤的油画。

一次，一位上流社会的少妇看到凡·高的油画，很轻蔑地说："我很高兴把这种东西称作艺术。"面对莫名其妙的嘲讽，凡·高从没有消沉，更没有放弃自己的艺术追求。37岁时，凡·高画出了《圣莱米痛苦的疯子》。

然而，凡·高的画在当时却无法得到上流社会和收藏家的青睐，他的画作在那些人眼中就像废纸一样一文不值。一次一次的失败和打击，凡·高渐渐变得孤独起来。他觉得自己是一个真正的失败者，他开始颓废、失望甚至绝望了。他疲惫了、厌倦了，再也没有勇气面对生活给他的所有折磨和苦难，他决定离开这个嘲弄他的可悲的世界。于是，凡·高用手枪结束了自己的生命。

一次又一次的失败和打击，使凡·高无法正确地认识自己，他在失败面前退缩了，以致没有生活下去的信心和勇气。

凡·高自杀后，在他身上发现了一封信，信中写道："说到我的事业，我为它豁出了我的生命，因为它，我的理智已近乎崩溃。"

1914年，凡·高书信集出版，凡·高的一生渐渐被全世界的人所知。1934年，《渴望生活——凡·高传》出版，凡·高的故事感动着全世界的人。今天，凡·高已成为举世闻名的艺术大师。可惜他自己已经无法得知了。

凡·高经历了那么多磨砺，他的作品就是他的肉体和灵魂，为了它，他甘愿冒失去生命和理智的危险。然而他还是没有真正认识自己的存在价值，对自己缺乏信心，认为自己始终就是一个失败者，经历了太久的打击，无法继续承受失败的打击，决然离去。如果他能对自己有个正确的认识和判断，能够肯定自己的存在意义，再坚韧一些，那么他自己的世界就会更精彩，也会给整个世界带来更多的惊喜。

跟鬼谷子学绝学：只要我们能够真正认识自己，并且有改变自己的勇气，就像一艘即将抵达彼岸的船舶，挫折是船舶的压舱之物，在狂风暴雨中加大前进的马力，厄运也会助成功一臂之力，那样就会乘风破浪，最终成功地抵达彼岸。

本章是讲述如何处理人际关系的内揵之道。鬼谷子说，凡事皆有内揵，这个内揵是"素结本始"的。鬼谷子把内揵比喻为"结"，就像一条绳索打了个结一样。本章刚开始就给读者指出，上下级之间的关系是非常微妙的，表面上很亲近的，内心实际上却很疏远；而那些表面上很疏远的，内心其实却非常亲近。本章要求人们使用"内揵"之法，恰当处理上下级关系。

第三章
鬼谷子的内揵绝学

言辞谨慎，用心揣度

【鬼谷子语录】

内者，进说辞也。揵者，揵所谋也。欲说者务稳度，计事者务循顺。阴虑可否，明言得失，以御其志。

【语录精解】

所谓内，就是向君王进谏说辞，从而结交君王取得信任；所谓揵，就是向君王进献计策，以辅佐君王，成就事业。想要游说君王的，务必事先揣度君王的心理；向君王进献策略的，务必因势利导，顺其自然。首先私下深思熟虑其优劣可否、成败利钝，然后向君王阐明其利弊得失，从而掌握君王的思想与意志。

俗话说"良言一句三冬暖，恶语伤人六月寒"。我们在与人交谈和来往中，应当尊重人，讲究语言美，而不是自以为是，出言不逊，要以诚待人，与人为善，不要打听干涉别人的隐私，评论他人的是是非非，不要无事生非，捕风捉影，也不要东家长西家短，说话要有事实根据，不能听风就是雨，左右摇摆。满嘴污言秽语，不但伤人，而且有损自身形象，迟早会被别人憎恨和报复。所以，在日常的社交活动中，每说一句话之前，都要考虑一下你要说的话是否合适，不要口无遮拦，想说什么就说什么。人生的经验告诉我们：一定要管好自己的嘴巴，否则会祸从口出。

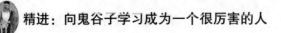

"你会说话吗？"这样问你，你一定觉得可笑，只要是正常人，说话谁不会？可实际上问题并没有那么简单。先看下面的例子：

一剃头师傅家被盗劫。第二天，剃头师傅到主顾家剃头，愁容满面。主顾问他为何发愁，师傅答道："昨夜强盗将我一年积蓄劫去，仔细想来，只当替强盗剃了一年的头。"主人怒而逐之，另换一剃头师傅。这师傅问："先前有一师傅服侍您，为何另换小人？"主人就把前面发生的事细说了一遍。这师傅听了，点头道："像这样不会说话的剃头人，真是砸自己的饭碗。"

有一人请客，四位客人有三位先到。这主人等着焦急，自言自语道："咳，该来的还没来。"一客人听到了，心中不快："这么说我就是不该来的来了？"告辞走了。主人着急，说："不该走的又走了。"另一客人也不高兴了："难道我就是那该走又赖着不走的？"一生气，站起身也走了。主人苦笑着对剩下的一位客人说："他们误会了，其实我不是说他们……"话未完，最后一位客人也走了。

你看，说话是简单的事吗？如果我们说话时不加思索，就可能伤人败兴，引起误解。我们要注意说话的场合、对象、气氛，不要随意就说。像有些人去菜市场，问卖肉的："师傅，你的肉多少钱一斤？"或饭馆服务员上一盘香肠对顾客说："先生，这是你的肠。"这类笑话，我们要注意避免。

明人吕坤认为，说话是人生第一难事。像上面所说的情况，不是太难的。只要注意语言修养，慢慢就会改善我们说话的纰漏和不足之处。说话难，而说真话说实话更难。

春秋时，齐国的晏子经常劝谏齐景公。一次，齐景公的一匹爱马暴死，齐景公大怒，命令手下把养马人用刀肢解。这时，晏子刚好在齐景公身旁，见手下持刀斧而进，晏子说："大王，先让我代您说说这养马人所犯之罪，然后再处死他，这样才能让他心服。"齐景公说："可以。"晏子就开始历数养马人三大"罪状"：国君让你养马你却把马养死了，这是死罪之一；死的是国君最喜爱的马，这是死罪之二；你让国君因为一匹马而杀人，百姓闻知，必定怨恨国君；邻国闻之，必轻视我们的国家，这都是因为你使马死了造成的，你真是罪有应得呀！齐景公明白了道理，说："把养马人放了，不要因此伤害了我的仁政。"

如果晏子不绕着弯子让齐景公明白人比马更重要，而且直接指责齐景公做得不对，不应为一匹马而去杀人，那么，气头上的齐景公不仅不会听从，甚至连晏子自己也可能因直言而获罪。由此可见说话讲究技巧的重要意义。

说话讲求一些技巧，这是我们需要学习的，但这并不意味着我们可以放弃原则，指鹿为马，曲意逢迎。如果违心地说话，那技巧就变成了恶行。崔永元说得好："也许有一天我们会讨论技巧，我们用酒精泡出了经验，我们得意地欣赏属于自己的一份老练时，发现我们丢了许多东西，那东西对我们很重要。"晏子很会说话，但前提是坚持了原则，我们不能为技巧而牺牲原则和人格。

跟鬼谷子学绝学：在和别人说话的时候，尤其是和第一次见面的朋友进行交谈的时候，我们必须要把握说话的尺度，不能说话不经大脑，那样，不仅不能说服他人，还会让别人反感，更坏的情况是给别人留下攻击自己的口实，做事需要"三思而后行"，我们说话也需要"三思而后言"！

❀ 随机应变，巧妙谏言 ❀

【鬼谷子语录】

方来应时，以和其谋。详思来捷，往应时当也。夫内有不合者，不可施行也。乃揣切时宜，从便所为，以求其变。以变求内者，若管取捷。

【语录精解】

计谋方略需要顺应时宜，以合乎君王的心愿。但首先要审慎考虑建立同君王的稳固关系，然后再考虑拟献的方略计谋是否顺应时宜、合乎君王的心愿。如果进献的计谋不合君王的心愿，就不可能被采纳并付诸实践。这就需要反复揣度，适应时势的要求，提出新的方案，以求其变通。这样以变通的方法求得君王的采纳，就会像一把钥匙开一把锁那样顺利。

随机应变是一种相当微妙的品质，很难精确地对其进行定义。但是毫无疑问，对那些渴望迅捷地在这个世界上成就一番事业的人来说，这种品质是必不可少的。开口托人办事毕竟是件难事，但如果掌握了技巧，随机应变，难事也就变得容易了。

（1）借别人的口说自己的话

有这样一个真实的事例：

某人为了推销自己的产品，他得知某公司的经理与另一家公司的总经理是老相识，便打听到经理的住处，提一袋茶叶前往拜访，彼此寒暄后，他说出了几句这样的话："这次能找到您的门，是得到了李总的介绍，他还请我替他向您问好……""说实在的，第一次见面就使我十分高兴……听李总说，你们的公司还没有购买……"第二天，便成交了。此人高明之处就是用"得到了李总的介绍"这种借人口中言，传自己心里话，令对方很快就接受了。

（2）用虚话套实话

做老实人说老实话，应是为人的一条准则，但炮筒子未必受欢迎，特别有时连自己也不明白是不是要说实话，那该怎么办呢？

张某托好友王局长为自己办件事，忽然听说他被捕"进去了"，又不知真假，就到张家探望。确实只有局长夫人在家，满脸愁容。张某开口道："老王怎么没在家呀？"果然张夫人长叹一声："唉！心脏病又犯了，昨天送进医院了……"原来如此！如果，张某实话询问王局长是否真的被捕了，那场面如何？张某是这样设想的：如果王局长真的被捕了，其夫人自然会实情相告。虚虚实实，转换自如，毫不唐突。

（3）用轻松幽默的玩笑话说实事

轻松幽默的话题，往往能引起感情上的愉悦；庄重严肃的话题会使人紧张慎重。只要有可能，最好能把庄重严肃的话题用轻松幽默的形式说出来，这样对方可能更容易接受。

一个年轻打工者在一家外资企业打工，在较短的时间内，连续两次提出合理化建议，使生产成本分别下降30％和20％。洋老板非常高兴，对他说："小伙子，好好干，我不会亏待你的。"这青年当然

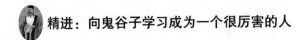

知道这句话可能意义重大，也可能不值一文。他想要点实在的，便轻松一笑，说："我想你会把这句话放到我的薪水里。"洋老板会心一笑，爽快应道："会的，一定会的。"不久他就获得了一个大红包和加薪奖励！

面对洋老板的鼓励，青年人如果不是这样俏皮，而是坐下来认真严肃地提出加薪要求，并摆出理由若干条，岂不大煞风景，甚至适得其反。

（4）绕个弯子套对方说话

有时，一些话自己说出来显得尴尬，这时，诱导对方先开口无疑是上上之策。

王某准备借助于好友赵某的路子做笔生意，在他将一笔巨款交给赵某的第二天，赵某暴病身亡。王某立刻陷入了两难境地：若开口追款，太刺激赵某的未亡人；若不提此事，自己的局面又难以支撑。帮忙料理完后事，王某是这样对赵夫人说的："真没想到赵哥走得这么早，我们的合作才开始呢。这样吧，嫂子，赵哥的那些关系户你也认识，你就出面把这笔生意继续做下去吧！需要我跑腿的时候尽管说，吃苦花力气的事情我不怕。"

看他，丝毫没有追款的意思，还豪气冲天，又挺感人，其实他明知赵妻没有能力也没有心思干下去。话中又加上巧妙的提醒：我只能跑腿花力气，却不熟络那些门路。

结果呢？赵妻反过来安慰他道："这次出事让你生意上受损失了，我也没法干下去，你还是把钱拿回去再找机会吧。"

（5）客客气气引人说话

托人办事既然有求于人，因此开口说话就需要客气一些，这样别人心情就会愉悦，谈兴更浓。那么，怎么说话才算客气呢？以商量的口气把要办的事说出来，如："能不能快点把这事给办一下？……这事给办一下是不是可以？"装作自己没把握，把请求、建议等表达出来，给对方和自己留下充分的退路。例如，你可能不愿意去，不过我还是想麻烦你去一趟。

在向别人提出建议时，如果在话语中表示人家可能不具备有关条件或意愿，那就不要强人所难，自己也显得很有分寸。先提出部分要求，以便对方顺利接受，然后再步步深入。例如，你帮我解决这一步就可以了，其余的我自己想办法。

我们确实经常发现，人们在提出某些请求时往往会把大事说小，这并不是变着法儿使唤人，而是适当减轻给别人带来的心理压力，同时也使自己便于启齿。

谦逊便是礼貌，通过抬高对方、贬低自己的方法把有关请求等表达出来，显得彬彬有礼、十分恭敬。例如，您老就不要推辞了，弟子们都在恭候呢！

请求别人帮助，最为传统有效的做法是尽量表示真诚，使人感到备受尊重，乐于从命。

有些事要先把问题的难度说出来，让人觉得你是不得已而为之，明知自己知道不该说但还得说。例如：真不该在这时候打搅您，但是实在没有办法，只好麻烦您一下。我知道你手头也不宽裕，不过实在没办法，只好向你借一借。

如果把托人办事的原因说出来，向对方交个底，就会引起对方的好感，令人欣然接受。例如：隔行如隔山，我一点儿也不知道人家那边的规矩。你是内行，就帮我个忙吧！

如果请求对方谅解，然后再把自己的愿望或请求等表达出来，则说起来更让人觉得容易接受。例如：恕我冒昧，这次又来麻烦你了。请求别人原谅，这是礼貌语言交际最有效的方法。人们常常使用这种方式来进行交流，显得比较友好、和谐。

在求人办事的过程中，是否能够随机应变，巧转话题是谈话愉快进行的关键。只要能够随机应变，巧转话题，就能收到预期的效果。

跟鬼谷子学绝学：在做任何事情的时候，碰到困难，我们不妨绕个弯，有句话说得好："条条大路通罗马"，不能凡事钻牛角尖，那样，既浪费了时间，又会浪费了精力和体力，到头来还一无所获！

∽ 天变了，人应变 ∽

【鬼谷子语录】

言往者，先顺辞也；说来者，以变言也。善变者审知地势，乃通于天，以化四时，使鬼神，合于阴阳，而牧人民。见其谋事，知其志意。事有不合者，有所未知也。合而不结者，阳亲而阴疏。事有不合者，圣人不为谋也。

【语录精解】

与君王谈论以往的事情，贵在顺应君王的心理加以合理解释；谈论未来的趋势，贵在留有余地，随机应变。善于应变的人能够审时度势，通于天地自然，以化合四时；役使鬼神，契合于阴阳变化的规律，从而得心应手地控驭天下百姓。谋士在观察到国君在谋划事情时，一定要知晓君主的意图和心愿。如果出的计谋与对方意向不吻合，那是因为你对对方的意图和情况没有摸透。如果计谋与对方的意图一致，但总不能达到默契，那就是因为君臣的关系表面上看很亲热，实际上二者内心里却有很大的距离。如果与国君的意见没有吻合的可能，圣人是不会为其谋划的。

胡雪岩曾有名言："天变了，人应变。"意思是指时势时局变了，人也应做出相应的变化与调整以顺应时局。

胡雪岩做事总是随时而变，见机行事，急缓相宜。生意场上，充满了搏杀，也充满凶险，往往一着不慎，满盘皆输。而且生意越大越难以照应，也就越容易出现疏忽。因此，驰骋于生意场上，不能恃强斗狠，也不能大意粗心。一事谋定后动，未雨绸缪，是生意人一定要记取的。

杭州被太平军团团包围，王有龄遵地方官"守土有责"的惯例，率杭州军民坚守孤城，终至粮草尽罄，断粮达一月之久，连药材南货，比如熟地、黄精、枣栗、海参之类，都拿来做了充饥之物，再后来就是吃糠、吃皮箱、吃草根树皮，最后已经到了割尸肉充饥的地步。胡雪岩冒死出城，到上海买得一船救命粮，运至杭州城外的钱塘江面，无奈进城通道已经完全断绝，城内城外相望而无法相通。在经历了三天度日如年、寝食俱废的等待之后，胡雪岩终于同意让陪他一起到杭州送粮的萧家骥冒险进城，向城中通个消息，并商量一下，看能不能找到将粮食抢进城中的办法。萧家骥出发之前，胡雪岩问他如何到对岸，如何进得杭州城去，遇到清朝和太平军双方的人又如何应对。对于这些至关重要的问题，萧家骥其实想都没想，以他的意思，这种情况下，原本只能见机行事碰运气。但胡雪岩不同意只是去见机行事碰运气，他对萧家骥说了上面引在题下的那段话，并且为他筹划了细致的应对方案，才放他出发。胡雪岩说："这时候做事，不能说碰运气，要想停当了再动手。"他这里说的"这时候"，自然不是指商事运作的时候，不过，他所说的危急时刻"不能说碰运气，要想停当了再动手"其中包含的道理，用于商事运作却也是极为恰当的。其实，做生意许多时候遇到的情况与萧家骥此时冒险进城也非常相似：救命大米费尽辛苦已经运到城外，绝没有无果而返的道理。而要事情有一个结果，就必须冒这一次险。当时的情形是，城外的人对城内的情况一无所知，城外有重重围兵，抓住想要与城中守军互通消息的人，一定会予以重罚，弄不好还会杀头。而被围的人此时实际上也已成惊弓之鸟，萧家骧在城中没有一个认识的人，加以这个时候又不能写一个能够证明他的身份的文书信函之类的东西带在身边，进得城去也有可能被当成奸细。也就是说，无论是落入围兵之手，还是进得城去，应对稍有差错，都会性命不保，更不用说完成此行的任务了。萧家骧此行，实在吉凶难卜，结果只能等到最后才能见分晓。生意场上何尝不是如此！做生意许多时候也必须冒险，要赚大钱常常还要冒大风险。比如大着胆子投资一桩生意，这笔钱投下去，究竟是带来大笔的进账，还是血本无归，总是很难预先清清楚楚地知道的，常常也必须是等到最后才能见分晓。人们常常用战场比喻商场，把冒险投资比喻为"押一宝"，就在于它们之间确实是十分相似，战场、赌场、商场，它们都是瞬息万变、险象环生且吉凶难卜，偶一疏忽往往就因一着不慎而满盘皆输，而且一桩生意的疏忽常常还不仅仅是一桩生意的失败，而是牵一发而动全身，导致全面崩溃。比如胡雪岩对自己钱庄和典当生意的失察疏忽，导致的后果就是一动而全动，一倒而全倒，终致无救。所以，一个在商战中纵横搏杀的人，必须时刻注意既要胆大还要心细，必须时刻注意提醒自己，要谋而后动，"想停当了再动手"。如果这些问题"想停当"了，自然也就不妨大胆动手了。

对于搏战于生意场上的人，要学会等待。等待，也就是等待一件事成功的机会。也就是说，做事情不可急躁，条件具备时要稳扎稳打，一步一步去做，条件不具备时，则要当缓则缓，当停则停，待条件成熟之后再做。

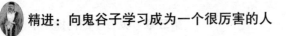

　　胡雪岩第一桩生意的运作成功，可以说是事缓则圆，在等待中寻找战机，得以成功的范例。胡雪岩在湖州收到新丝运到上海，并没有急于脱手。就他当时的状况而言，他是应该尽快脱货求现的，因为他的钱庄刚刚开张不久，并没有多少可以周转的资金。但他仍然将这批生丝囤积起来。他没有将这批生丝马上脱手的原因，除了洋商开价不够理想之外，更重要的是他要联合同业控制洋庄市场的条件还没有成熟，他运到上海的生丝数量很少，实力还不足以与洋商讨价还价，他必须联合同业才能与洋商抗衡。因此，即使自己暂时压下一笔资金，他也不愿意让自己的筹划落空。他要等待，用他的话说，就是"事缓则圆，不必急在一时。"

　　商事运作中，经营者的主动性自然是很重要的，优秀的商人要懂得从不同的角度来利用已有的条件，甚至要善于在各种因素不利于自己的时候，设法改变不利因素，使之对自己有利。这就是我们常说的创造条件。

　　不过，商事运作中所需要的各种条件，有些是可以创造的，比如胡雪岩要控制洋庄市场必须有联络同行的条件，就可以通过自己的努力来创造。但有些却往往是人力无法创造的，比如在大多数情况下，政局的变化、市场的整体格局，就并不是一个或几个生意人所能决定的。这时候所能做的，往往也只能是等待。这正如古人所说的天时、地利。许多时候，地利我们可以主动选择并加以改造，但天时便往往无法主动选择更无从改造。"草船借箭"中诸葛亮当着孙权与周瑜立军令状时，仍然要了三天的暂缓期限，就是因为他所设计的"借"箭必须有一个江雾弥漫的天气。这既是能不能"借"到箭的关键性条件，又是一个凭人力无法创造的条件。诸葛亮知道三天之后才有一个这样的天气，此时他唯一能做的只能是两个字：等待。

有时，我们为一桩生意的成功作出了极为周密的计划，我们也明知道按照计划运作下去一定会得到预期的成果，甚至在初步运作中我们已经收到了效益。但可能就在这个时候，情况突然出现某种变化，原本可以依靠乘借的大势消失了，而且任凭我们如何努力，也终究是无法挽回，这时我们所能做的，也只是等待——在耐心的等待中静观形势的变化，在静观形势变化中等待新的机会的到来。这个时候如果不计后果，仅凭意气一心求快，最后，结果一定是如孔子所说："欲速则不达"。

商事运作，应该学会等待，甚至退让。该等则等，许多时候，冷静的等待其实正是最明智的选择；当退则退，许多时候，退让本身就是求进所必须经过的过程。会等待，知避让，才是真懂进取。从这一角度看，"事缓则圆，不必急在一时"实在包含了一种深刻的商事乃至人事的辩证法，优秀的生意人一定要懂得这种辩证法。

做事没有轻重缓急，就好比"驼子跌跟头，两头落空"，自然是智者不会做的。胡雪岩确实特别注意不做"驼子跌跟头"的事，直到他面临彻底破产、倒闭的最后关头，这一点也是他处理事情的一条重要原则。比如在官府将要查封他的家产的时候，螺蛳太太想要为他匿下一些财产，以作东山再起的资本，他就坚决不同意。之所以如此，当然有他"杭铁头"的性情在起作用，但不能"驼子跌跟头"实际上也是一个重要的原因。在胡雪岩看来，采取这种手段为自己留下资本，就如赌场赖账，赌本是留住了，名声却也臭了，从此连赌场的门都进不了，哪里还有东山再起？既无法东山再起，又坏了名声，如此"驼子跌跟头"，还不如留下一段好名声。

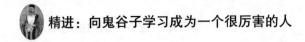

　　总的来说，胡雪岩避免"驼子跌跟头"的考虑，其实关键也就是两点：首先，当处于两难甚至多难境遇的时候，要先分出孰轻孰重，孰急孰缓。在作选择的时候，较轻的事情，可以缓缓的事情当然是先放在一边再说。其次，要行事果决，不能优柔寡断。特别是在两件事情一时难以分出轻重缓急又难以两全的时候，这一点尤其重要，因为这个时候最容易犹豫不决。其实，想一想我们就会明白，两件事情都重要，哪件事都是必要的，既然不能两全，那就不如索性放弃一件，全力做好另一件，至少做成一件总比在犹豫不决中两件事情都耽误，或者两件都做而一件都做不好要划算得多。

　　"时易人亦变"，是胡雪岩一步步走向成功与辉煌的一个重要捷径。

　　跟鬼谷子学绝学：要想成功，就必须看清形势，认清形势的发展。根据形势来改变自己的策略，才能一步步迈向成功。

找好对象，正确发言

【鬼谷子语录】

故远而亲者，有阴德也。近而疏者，志不合也。就而不用者，策不得也。去而反求者，事中来也。日进前而不御者，施不合也。遥闻声而相思者，合于谋待决事也。故曰：不见其类而为之者，见逆。不得其情而说之者，见非。得其情乃制其术，此用可出可入，可揵可开。故圣人立事，以此先知而揵万物。

【语录精解】

所以说，与君主相距很远却被亲近的人，是因为能与君主心意相合；距离君主很近却被疏远的人，是因为与君主志趣不一；在职任事却不被重用的人，是因为他的主张、措施没有实际效果；革职离去再被返聘的人，是因为他的主张被变化着的现实证明可行；每天都出入君主面前，却不被信任的人，是因为他的行为与实情相悖；距君主遥远却被思念的人，是因为其主张正与决策者相合，君主正等他参加决断大事。所以说，在情况还没有明朗之前就去游说的人，必定会事与愿违，适得其反；在还不掌握实情的时候就去游说的人，定要受到否定。只有了解情况，再依据实际情况确定方法，这样去推行自己的主张，才可能控制对方，进退自如；既可以进谏君主，坚持己见；又可以放弃自己的主张，

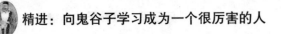

随机应变。因而圣人立身处世，都是以自己的先见之明来把握万事万物的。

说话，要懂得什么时候说什么话；说了，还要为自己说过的话负责。因此，察言观色才能够让我们的沟通更为顺利，避免各种麻烦。

西汉初年，刘邦打败项羽，平定天下之后，开始论功行赏。这可是攸关后代子孙的万年基业，群臣们自然当仁不让，彼此争功，吵了一年多还吵不完。

汉高祖刘邦认为萧何功劳最大，就封萧何为侯，封地也最多。但群臣心中却不服，私底下议论纷纷。

封爵授禄的事情好不容易尘埃落定，众臣对席位的高低先后又群起争议，许多人都说："平阳侯曹参身受七十次伤，而且率兵攻城略地，屡战屡胜，功劳最多，应当排他第一。"

刘邦在封赏时已经偏袒萧何，委屈了一些功臣，所以在席位上难以再坚持己见，但在他心中，还是想将萧何排在首位。

这时候，关内侯鄂君已揣测出刘邦的心意，于是就顺水推舟，自告奋勇地上前说道："大家的评议都错了！曹参虽然有战功，但都只是一时之功。皇上与楚霸王对抗五年，时常丢掉部队，四处逃避，萧何却常常从关中派员填补战线上的漏洞。楚汉在荥阳对抗好几年，军中缺粮，也都是萧何辗转运送粮食到前线，粮饷才不至于匮乏。再说，皇上有好几次避走山东，都是靠萧何保全关中，才能顺利接济皇上的，这些才是万世之功。如今即使少了一百个曹参，对汉朝有什么影响？我们汉朝也不必靠他来保全啊！你们又凭什么认为一时之功高过万世之功呢？所以，我主张萧何第一，曹参居次。"

这番话正中刘邦的下怀，刘邦听了，自然高兴无比，连连称好，于是下令萧何排在首位，可以带剑上殿，上朝时也不必急行。而鄂君因此也被加封为"安平侯"，他凭着自己察言观色的本领，能言善道，享尽了一生荣华富贵。

孔子说："巧言令色，鲜矣仁。"但是，在这个时代，不巧言，不令色，并不能彰显你的仁德，有时反而凸显你的不识时务。

人们的言与色有时是简单外露的，对它的体察是容易的；有时是复杂隐蔽的，对它的体察就比较困难。一般来说有以下几点应注意。

首先，性格定向和语言定位。社交中的察言观色，说到底是对对方言谈举止、神态表情的微妙变化及其含义进行捕捉和判断，是一个"由表及里"的过程。

性格定向就是通过对其表情、言语、举止的观察分析，掌握其性格类型。你可以甩出一两个对方很敏感的问题，静观一下他的反应方式和程度。值得注意的是，这种观察一定要细致入微，千万不要因为对方看上去似乎毫无反应，就断定他是傻瓜，正如看了悲剧，有人流泪，有人木然，你不能说木然的人就没有被感动。在摸透了对方性格类型之后，就要设法捕捉最能反映他思想活动的典型动作和典型部位，也就是"语言点的定位"。眼、手、腿、脚、身体每一部位的肌肉，都可能是"语言点"的所在。

有些现象的含义人们是很清楚的。如腿的轻颤，多是心情悠然的表现；双眉倒竖，二目圆睁，是愤怒的特征；而微蹙眉头，轻咬嘴唇，则是思索的含义。另外还应该特别注意对方的手，尽管许多人可以巧妙地掩饰许多东西但还是存在一些普遍性的动作。如愤怒时握紧双拳，或是将纸烟、铅笔之类的东西捏坏，甚至可能两手发颤；兴奋紧张时，双手揉搓，或者简直不知道该把手放在什么地方；思索时，手指在桌面、沙发扶手、大腿等地方有节奏地轻敲等等。

其次，抓住"决定性瞬间"。任何一个人，对自己神情的掩饰都不可能达到绝对的滴水不漏。关键问题是，你在对方错综复杂的神情变化中，能否准确判明哪一个变化是决定性的。对于机智的人来说，其弥补失误的本领也是异常高超的，他不可能让你长时间地洞悉到他的破绽。

因此，时机对你非常宝贵。至于究竟什么才是这种"决定性瞬间"的具体显现，怎样才能将其判明并抓住，那只能具体情况具体分析，凭借你的经验和感觉来定夺，无固定模式可循。

最后，主动探察。察言观色，不能理解为被动式的冷眼旁观。

事实上，主动进攻，采用一定的方式、手段去激发对方情绪，才是迅速、准确把握对方思想脉络的最佳途径。这里包括以下几点。

一是闲谈探底。即在触及正题之前，漫无边际地谈些与正题无关的话，目的在于观察对方的兴趣、爱好、习惯和学识等情况，如果对方感到厌倦，那么你的漫谈还可起到扰乱其心绪的作用。

二是施放诱饵。你可以若有若无地用一些对对方具有吸引力的话题，判断出对方的心中所想，摸清对方神情变化及心理活动的一般特点。

三是激将法。你可用一连串的刺激性问题攻击对方，使其兴奋，进而失去对自己情绪的控制；你还可以做出一些高傲、看不起对方的姿态，对他的自尊造成一种威胁，激发他的情绪。

四是逆来顺受。当你没有吃透对方的脾性时，在不违反大原则的情况下，不妨先逆来顺受，等待对方暴露更多的信息，你再对症下药，对方自然会心悦诚服地接受你。

跟鬼谷子学绝学：说话要看清对象，找好了对象，接下来就是了解对象，了解了对象，就会知道什么该说，什么不该说，那样，说话就能确保万无一失了。

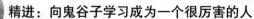# 处好关系，巩固团结

【鬼谷子语录】

由夫道德仁义，礼乐忠信计谋，先取诗书，混说损益，议论去就。欲合者用内，欲去者用外。外内者，必明道数。揣测来事，见疑决之。策无失计，立功建德，治名入产业，曰捷而内合。

【语录精解】

其先见之明来源于道德、仁义、礼乐、忠信和计谋，首先是《诗经》和《尚书》的教诲，再综合分析利弊得失，最后讨论是就任还是离职。要想取得君王的信任与合作，就要在掌握君王心理方面下功夫，要想离开现职，就不必研究君王的心理，也就会被拒绝而离去。处理内外大事，必须先确定理论和方法，会预测未来，并善于在各种疑难处，当机立断。在运用策略时没有失误，从而建立功业和积累德政，使朝廷君臣有序，人民安居乐业，这就是君臣上下同心，臣子的计谋与国君的意向相一致了。

从前，有两个饥饿的人得到了一位长者的恩赐：一根鱼竿和一篓鲜活硕大的鱼。其中，一个人要了一篓鱼，另一个人要了一根鱼竿，于是他们分道扬镳了。得到鱼的人原地就用干柴燃起了篝火煮起了鱼，他狼吞虎咽，还没有品出鲜鱼的味道，就在转瞬间连鱼带汤吃了个精

光。不久以后，他便饿死在了空空的鱼篓旁边。另一个人则提着鱼竿继续忍饥挨饿，一步一步艰难地向海边走去。可当他已经看到不远处那片蔚蓝色的海洋的时候，他浑身最后的一点力气也使完了，他也只能眼巴巴地看着海洋，带着无尽的遗憾撒手人寰。

又有两个饥饿的人，他们同样得到了一位长者恩赐的一根鱼竿和一篓鲜活硕大的鱼。但是他们没有各奔东西，而是商定共同去寻找大海，他们俩每次只煮一条鱼，他们历尽千辛万苦，经过漫长而又遥远的跋涉，终于来到了海边。从此，他们两个人开始了捕鱼为生的日子，几年后，他们盖起了房子，有了各自的家庭、子女，有了自己建造的渔船，过上了幸福安康的生活。

罗曼·罗兰说过："有了朋友，生命才显示出它全部的价值。'智慧'和'友爱'是照明我们黑夜的唯一的光亮。"确实，人们常说："在家靠父母，出门靠朋友。"故事中后两个人之所以在极端困苦的情况下能够生存下来，并最终过上幸福的生活，靠的不是别的，而是相互间的支持，靠的是相互交朋友。

黄巾造反乱时，刘、关、张邂逅相逢，桃园结义，成就了千古美名，也奠定了蜀汉王朝的根基。其时，刘备虽是汉宗室但与皇帝关系极远，已落得个流浪街市，贩席为生。张飞只不过是个屠夫，粗人一个。关羽杀人在逃，无处立身。三人结义后，彼此借重，相得益彰。此后三分天下，刘备成为皇帝，关、张也成了开国元勋，朝廷重臣。董卓之乱时，吕布何等英雄，刘、关、张三人也不过与他打个平手。但他匹夫无助，枉自豪勇，最终被曹操所杀。

西汉刘邦出身低微，学无所长。文不能著书立说，武不能挥刀舞枪，但他天生豪爽，善于结交人，胆识无双。早年穷困潦倒时，他身无分文，却敢独坐上宾。押送囚徒时，居然敢私违王法，纵囚逃散。斩白蛇起义后，因为能够善待能人，许多豪杰之士都投奔于他。像韩信、彭越、英布等威震天下的悍将，原先都是他的死敌项羽的人。而萧何、曹参、张良等也是他早先的友人。而正是这些人，帮助他成就了帝王之业。

"嘤其鸣矣，求其友声；相彼鸟矣，犹求友声；矧伊人矣，不求友声。"帝王将相成就霸业需要借助他人之力，平民百姓更是如此。一个人在社会上打拼，仅凭一己之力，是很难有大成就的。因为一个人的力量毕竟太有限了，就算你浑身是铁，也打不成几个铁钉。这一点微薄之力甚至连自己都保护不了，又怎么能和别人竞争呢？而真正的友谊，能够产生巨大而神奇的力量。

马克思和恩格斯之间的革命友谊是人类历史上最光辉、最动人的友谊。马克思的女儿爱琳娜说，她父亲和恩格斯的友谊，像希腊神话中达蒙和芬蒂阿斯的友谊那样，成为了一种传奇。马克思与恩格斯之间的友谊，从青年延续到老年，跨越了整整40年。他们情同手足、亲密无间、互相尊重、互相信任。两人共同创立了科学社会主义理论，领导了无产阶级革命运动。他们所取得的每一项伟大成就，都是共同艰苦劳动和崇高友谊的结晶。这种友谊鼓舞他们克服一切悲痛和困难去为共同的事业努力奋斗。马克思中年丧子，这是马克思一生中最伤心的事。他在给恩格斯的信中写道："在这些日子里，我之所以能忍受这一切可怕的痛苦，是因为时刻想念着你，想念着你的友谊，时刻希望我们两人还能够在世间共同做一些有意义的事情。"

跟鬼谷子学绝学：俗话说：一个篱笆三个桩，一个好汉三个帮。好汉需要帮手，离开了桩子也就没有了篱笆。孔子用"独学而无友，则孤陋而寡闻"教育弟子，法国用"人生没有朋友，恰似生命中没有太阳"的谚语警示世人。无数的事实告诉我们，要想活出点味道，干出点名堂，朋友是必不可少的。

认清情况，随风而"倒"

【鬼谷子语录】

上暗不治，下乱不寤，揵而反之。内自得而外不留，说而飞之，若命自来，已迎而御之。若欲去之，因危与之。环转因化，莫知所为，退为大仪。

【语录精解】

如果上层昏庸不理国家政务，下层纷乱不明事理，这就是计谋与内情不相合，臣子就算有好的谋略也不被国君所用，那么就应该隐居山林。对于那些自以为圣贤、自鸣得意的君王，说客可以奉迎他，获得他的信任后再慢慢说服他，从而达到自己的目的。如果国君征召自己，则应该主动去迎合，接受任命，为其所用。如果另有所慕，不愿合作，就要利用社稷大厦将倾之机，将职权还给君王。去就之际，要反复权衡，见机行事，运转自如，就像圆环旋转往复一样灵活，使人搞不清自己的真实意图，这才算是掌握了去就进退的真正秘诀。

曾国藩凭着自己几十年的仕宦生涯，对封建社会官场的险恶看得最清楚，深知一入仕途人则毫无"自由"，即使是一只猛虎，也只能变成犬鼠可欺的可怜虫了。韩非子"寓言"中就有"伏虎于匣"一节，意思是说老虎在深山，在野兽中称王称霸，一入牢笼就会摇尾巴乞求同情，不论"虎性"是否改变，都不能不屈服于现实。为虎设笼不是为了防备老虎，而是要让虎入牢笼，使那些害怕老虎的人能够制服老虎。但是，几千年学而优则仕的传统谁能改变得了？更何况，一个有抱负的人不借助权力可以说是毫无作为的。因此，出进官场之局，处居江湖之远，就十分难以决断了。

曾国藩自己对出处之际虽然感到难以决断，但凭他的老到经验还是能够掌握火候的。这里说的是对其九弟曾国荃出处之疑的安排，可见曾国藩的韬晦。

曾家兄弟为大清朝把老命搭上了好几条，尤其是曾国荃攻下太平天国天京（今南京）城，用曾国藩的话说是千古以来最艰难的一次攻坚战。攻占南京后，曾家成为大功臣，按曾国荃的设想，清廷应功高厚赏，自己该做个总督巡抚，享享清福了。可是，清政府对这位敢作敢为的曾九最不放心，曾国荃虽读过几年书，但学识浅薄，急功近利，老饕之名满天下，尤其处死李秀成后一时成为众矢之的。同时，清政府对他也最不放心，欲其速离军营而不令其赴任浙江巡抚。

曾国藩无奈，只好以病情严重为由，奏请曾国荃不就浙江巡抚缺，回乡调理，以避开舆论的锋芒，解除清政府的这块心病。不出曾国藩所料，这一奏请正合那拉氏的心意。曾国藩 1864 年 9 月 27 日出奏，10 月 5 日即获批准，并赏给曾国荃人参六两，以示关怀。这本来是曾国藩的韬晦之计，暂时退避正是为了永久保住他们的既得利益。然而，曾国荃在曾国藩移驻江宁那天，当着满堂宾客大发怨言，致使曾国藩狼狈万状，无地自容。为了开其心窍，曾国荃四十一岁生日那天，曾国藩除派赵烈文专门劝慰外，还特写七绝十二首为他祝寿。据传，

当曾国荃读至"刮骨箭瘢天鉴否，可怜叔子独贤劳"一句时，竟放声大哭，以泄胸中抑郁之气。11月2日曾国荃带着满腹委屈和怨愤返回湖南，由于怨气仍未平消，终致大病一场。

是年11月初，曾国荃迫于清廷的压力回籍养病，从南京启程归湘。多年征战在外，此时退隐乡间，本是休养身心的最好时机，但曾国荃是个不甘寂寞的人，尤其是对于清廷有意牵制曾氏兄弟的举措表示不满，不时流露出怨恨之情。曾国藩老谋深算，一再嘱咐曾国荃不要轻易出山，时局严重，不必惹火烧身，最好在家静养一年。如他在1865年4月的家书中指出："有见识的人士和相爱的朋友大多奉劝弟弟暂缓出山。我的意思也是让弟弟多调养一段有病的身体，在家闭门三年，再插身而出，担当天下的艰巨大任。"进一步，他又在其他书信中具体安排曾国荃如何打发时光的计划。一是修身养性，不要干预湖南地方事务；"弟弟平素的性情就是好打抱不平，发泄公愤，同时又对朋友情谊深厚，非常仗义，这个时候告病在家，千万不要对地方公事干预丝毫。"二是趁休闲之际补攻讲求诗文奏议之学；"弟弟以不善作文章而为深深的耻辱……眼下用力于奏议文章的学习，也应当稍稍具备当年发扬拼命的那种精神。"在另一封信中，他又嘱咐曾国荃趁空闲时间，读些有关文史方面的好书，以加强自身的学识素养。同时，又寄去历年所写日记，希望曾国荃等明白他在外受苦，即所谓"近来衰惫之状"，以使他更加安心在家教育侄辈读书做人。在曾国藩的耐心开导之下，曾国荃耐着性子终于在湖南老家待了一年多时间，清政府曾诏谕他出任山西巡抚，他硬坚辞不受。于1866年2月下旬，清政府又颁诏命曾国荃改任湖北巡抚，并帮办"剿捻"军务。此时，曾国藩认为时机已成熟，力促曾国荃出而任事："惟决计出山，则不

可再请续假,恐人讥为自装身份太重。余此信已为定论下次不再商矣";
"君恩过厚,无令外人疑为装腔作势也"。于是,曾国荃决定再度出山。

跟鬼谷子学绝学:做什么事情都要顺应时势,"顺势者昌,逆势者亡",聪明的人不会逆风而行,聪明的人会见风使舵,永远让自己的航船朝着对自己有利的方向前进!

本章讲鬼谷子"揣术","揣"就是揣度的意思，鬼谷子的"揣术"归根结底，就是揣度人情，权衡某一件事情的得失，从而发现其中隐藏的真相。运用在现代生活中，就是告诫我们在和竞争对手博弈时，一定要先揣度对方的心理，挖掘出对方内心的东西。只有这样，才能为我们下一步要采取的措施做好准备。

第四章
鬼谷子的揣情绝学

∽ 认清现状，有迹可循 ∽

【鬼谷子语录】

古之善用天下者，必量天下之权，而揣诸侯之情。量权不审，不知强弱轻重之称；揣情不审，不知隐匿变化之动静。

【语录精解】

古时候，善于治理天下的人，必然会审慎地把握国家的发展趋势，揣度各诸侯国的具体情形。如果不能周密切实地审时度势，权衡利害，就不会知道诸侯国的强弱情况。如果不能周密地揣度形势，就不能通晓天下的时局发展变化。

现实生活中，一个人即使是天才，如丝毫不懂收敛，也是很难立足的，而且会招致不料的厄运。崭露锋芒是正常的，但应认清形势，把自己的位置摆正才能做到自我保护。一个人做人做事讲究技巧，既不超人前也不落人后，或者该前则前，该后则后，认清现状，才能使自己进退自如，游刃有余。

秦朝末年，匈奴内部政权变动，人心不稳。邻近一个强大的民族东胡，借机向匈奴勒索。东胡存心挑衅，要匈奴献上国宝千里马。匈奴的将领们都说东胡欺人太甚，国宝决不能轻易送给他们。匈奴单于冒顿却决定："给他们吧！不能因为一匹马与邻国失和嘛。"匈奴的将领们都不服气，冒顿却若无其事。东胡见匈奴软弱可欺，竟然向冒顿要一名妻妾。众将见东胡得寸进尺，个个义愤填膺，冒顿却说："给他们吧，不能因为舍不得一个女子与邻国失和嘛！"东胡不费吹灰之力，连连得手，料定匈奴软弱，不堪一击，根本不把匈奴放在眼里。这正是冒顿单于求之不得的。不久之后，东胡看中了与匈奴交界处的一片茫茫荒原，这荒原属于匈奴的领土。东胡派使臣去匈奴，要匈奴以此地相赠。匈奴众将认为冒顿一再忍让，这荒原又是杳无人烟之地，恐怕只得答应割让了。谁知冒顿此次突然说道："千里荒原，杳无人烟，但也是我匈奴的国土，怎可随便让人？"于是，下令集合部队，进攻东胡。匈奴将士受够了东胡的气，这一下，人人奋勇争先，锐不可当。东胡做梦也没想到那个痴愚的冒顿会突然发兵攻打自己，所以毫无准备。仓促应战，哪里是匈奴的对手。战争的结局是东胡被灭，东胡王被杀于乱军之中。

其实，冒顿就是一个对现状有清醒认识的人。试想，冒顿如果一点实力都没有，匈奴早晚得让人东胡给吞并掉。但如果一味强硬，不但迷惑不了对手，更激不起属下的士气，那么这一仗的输赢也就难说了。

另外，一个能成大事的人在说话的时候也不是我行我素，想说什么就说什么，而要根据对象说不同的话，创造一种和谐、融洽的气氛，达到说话的目的。

交谈要讲究艺术，恰当有礼。恰当有礼，其实是一个"得体"的问题，也就是要把话说得适人、适时、适地、适情。话是对人讲的，所以说话要注意"因人而言"，看对象说话。这也就是俗话所说的，到什么山唱什么歌，见什么人说什么话。因为这样谈话会更具有针对性，容易引起共鸣。适时、适地，即讲话要注意时间、场合。因情而言，即说话时要考虑对方的心情，好的心情才能营造出愉悦谈话氛围，有利于进一步沟通交流。有一个名词叫"职场语言学"，就是教人在工作时如何说话，针对不同的人要说不同的话。运用"职场语言学"中所学的语言艺术，可以让你在公司里说话受到同事的欢迎，至少不会因为说话不当而被炒鱿鱼。

在很多地方和场合说话都要注意自己的语言艺术，这是十分重要的。掌握人际交往中的语言艺术并不是一件坏事，它并不只会使人的嘴巴变得好像是油嘴滑舌似的，它可以让你学会如何与别人交往。之所以说话要看对象，是因为说话总是双向的，不论是在公共场合发表演讲，还是在和朋友或者刚刚认识的人随意交谈，都要注意谈话对象。说话人就要看对象说话，从对象的不同特点出发，说不同的话，而不能随心所欲，想说什么就说什么。

在交谈中，注意对象的身份是十分重要的，忽视这一点，往往会引起别人的反感，甚至可能造成不必要的矛盾。

要做到说话看对象，了解对象是必要的。对家人，以及亲朋好友，说话的方式要因人而异，所说对象不同，方式就不一样。李密的《陈情表》写得催人泪下，当然不少人觉得李密这人不厚道，如果真的是这么有孝心的人干吗用那么多的语言说自己多么凄惨、祖母多么悲凉？其实我想这篇文章之所以要这么写，是因为看这篇奏章的人是司马炎的缘故。司马炎是篡位之君，本就名不正言不顺，再者，蜀国很多将士并不是真心归顺，他几次要求李密做官而被拒绝，所以心生疑惑。再加上司马炎疑心十分重，如果李密这次上表不够煽情是会死的，所以文章写得过于深情就可以理解了。换言之，如果李密是给诸葛亮或者刘备上表，这样写的话就不行了。可见说话不看人，必然词不达意，说了白说。

如果对对方非常熟悉，说话时自然会注意到不同特点。然而对于初次相识的人，就不那么容易了。我们很容易看出来对方的性别、年龄，但是身份、职业、文化修养等，则必须通过语言交谈才能了解。因此，与陌生人见面，首先要做的不是急于说什么，而是先听对方的话语。如果对方彬彬有礼，你也应该文雅、和气、谦逊；如果对方说话很坦诚，你也应该实在，想到什么就说出来，不要拐弯抹角。总之要在了解对象的基础上，说出合适的、有礼貌的话。

现在有人说话口无遮拦，甚至不经过大脑思考脱口而出，这样的话虚无且没有内涵。说话不看对象、不分场合经常会给自己招来祸患，或者是埋下祸根。口无遮拦乱说一通给自己带来的只能是"痛苦"，而不会是"快乐"。

所以，还是老话说得好：话到嘴边留三分，事到当头应慎行。

跟鬼谷子学绝学：不光是说话时要认清现状，知道什么该说什么不该说。做事情也一样，认清了现状，就知道自己该朝哪个方向来努力，以此达到自己最终的目的。

∽细心揣度，再做判断∽

【鬼谷子语录】

何谓量权？曰：度于大小，谋于众寡；称货财有无之数，料人民多少、饶乏、有余不足几何？辨地形之险易，孰利孰害？谋虑孰长孰短？揆君臣之亲疏，孰贤孰不肖？与宾客之智慧，孰多孰少？观天时之祸福，孰吉孰凶？诸侯之交，孰用孰不用？百姓之心，孰安孰危？孰好孰憎？反侧孰辨？能知此者，是谓量权。

【语录精解】

什么叫衡量权势呢？是指测量国家力量的大小，谋士的多少；估量出其国库中钱财物资的有无情况；了解人口总数的多少及百姓富足程度如何，哪些方面多余，哪些方面不足？研究地势的险易，哪些地势有利，哪些地势有害？谋划思考哪里有优势，哪里不足？观察君臣的亲疏关系，哪些臣子是贤德之人，哪些臣子不足为谋？客座国君的谋士们哪些是聪明之人，哪些是愚蠢之士？观察天时运行，何时带来祸，何时带来福？揣测诸侯之间的关系，哪些是可以利用的，哪些则是不能利用的？民心的向背也很重要，哪些地方老百姓安居乐业，哪些地方老百姓则民心不稳，他们爱戴谁，又憎恶谁？人心是否思变，造反的情况能否发生……能充分了解以上这些情况的，就是善于衡量权势了。

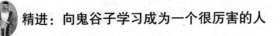

任何事业，某种意义上都是局部的事业，都在一定的大局之内。要想把事业做好，必须先察大局，认清其有利条件和不利条件，特别是大局的发展趋势，然后借势生风。不然的话，纵有千条妙策，亦难有所作为，纵使有所作为，因为局部毕竟决定不了全局，也算不了什么。

曾国藩从办团练那一天开始，因为没有实权，又没有军饷，兵力发展不快，真是惨淡经营，屡战屡败。而他想要实权以便办事的想法，更是屡遭挫折。

至咸丰十年（1860年）止，曾国藩以客寄的身份办团练，建湘军，剿杀太平天国已有七八个年头。其间，咸丰三年（1853年）攻克武汉，巡抚一职与他擦肩而过，后来，他费尽心思，甚至剥下理学家的面具，在守父丧期间伸手公开向清政府要督抚的位置，但遭到拒绝。再往后，听到石达开要进入四川，胡林翼等人闻风而动，奏写官文上疏请清廷将四川总督大印交给湘军第一统帅，事情还是没有成功。

咸丰十年四月，清廷包围天京（今南京），江南大营的溃败给曾国藩带来了绝好的机会，胡林翼等湘系高级首脑立即聚于曾国藩的大营宿松，开始紧张的谋划。

江南大营拥有重兵七万余人，集中了清廷正规军中最精锐的部分。闰三月十五日，经过与太平军九昼夜之战，江南提督张国根溺毙河中，总兵阵亡。至四月初六，清廷深倚重的和春败走常州后在浒墅关惊悸而死。至此，屏蔽江南财赋重地的江南大营将死卒亡。

正是在这突如其来而又事关湘军集团发展的至关重要的时刻，湘军首领开始陆续赶赴曾国藩所驻防的宿松。曾氏兄弟、左、胡、李元度等，在此前后在曾国藩的住地宿松畅谈时间长达二十三个日夜，达成了共赴艰难的共识，对各自的发展影响甚大。

宿松会议是湘系势力的发展乃至扭转全局的重要会议。第一，左宗棠被控案已结，对稳定湖南大有裨益。尤其是咸丰帝旨令最后一节，询及左宗棠多年"拂郁之隐"，左宗棠感激涕零，表示"此后再不意气用事，听候曾国藩的消息，如有可出之理，未敢固执。"第二，壮大了湘系力量，湘系重要人物出现了空前的"团结"，在重要问题上达成"共识"。第三，对江南大营溃败后，清廷可能进行的重大人事调整进行了预测，认为两江总督一缺，曾国藩与胡林翼两人中必有一人担此大任。这对鼓舞"士气"，有重要意义。第四，左宗棠的才能更为全国所知。曾国藩的幕僚黎庶昌编订《曾国藩年谱》时就曾明确指出：左宗棠"留营中两旬，朝夕纵谈东南大局，谋所以补救之法。"而作为清政府倚为干城的江南大营的溃败，也在政治、军事上为湘军势力的发展扫清了障碍。但当时湘系中有许多人却并没有意识到这是一个转机。左宗棠却敏锐地意识到了这一点，他说："天意其有转机乎？"有人不解其中妙处，他又解释说："江南大营将塞兵罢，万不足资以讨贼，得此一浩荡，而后来者可以措手。"众人始悟。

　　果然不出湘军将领所料，宿松会议结束当日，清廷即下旨令曾国藩署理两江总督，曾国藩从此才可以名副其实地干一场了。

　　但是在走出这一步之前，曾国藩不会忘记把他的行动和时代脉搏联系起来考虑。而曾国藩所把握的天下大势的主要方面之一，就是清王朝的命运以及朝廷内的变故。

　　咸丰十一年（1861 年）湘军攻下安庆立下大功之后，曾国藩在面临新的进退抉择关头时，便对清朝的情况倍加关注。其实曾国藩以及像胡林翼等高明之士虽然身在疆场，但却一贯对朝廷大事非常关注，并且从来都反应非常敏捷，因为朝廷上的任何变化都有可能影响到他

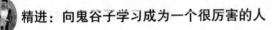

们个人以及湘军这个集团的利益与未来。

胡林翼和曾国藩是在八月初，也就是湘军攻占安庆后大约一星期之后，得知咸丰皇帝驾崩消息的，但这消息来源于友人之间的私人通信。

胡林翼在获知此情之后，当即写信向曾国藩表示：朝廷七月十七之事，主少国危，又鲜哲辅，殊堪忧惧。

由于御前大臣肃顺等人久久隐丧不报，胡林翼和曾国藩天天在军营中等待进一步的消息，却长时间未接奉国丧明诏，越发让他们忧心忡忡。胡林翼竟至半夜惊起，仰望上苍，哀声长叹："京师必有大事发生，不知是祸是福。"

专制统治易于保守政治机密，加上通信和交通条件的落后，信息的传递也就非常慢。慈禧太后在北京发动政变处决肃顺军一个多月的时间里，身居安庆的曾国藩等人竟然一无所知。直到十二月十五日，曾国藩才首次得知其初步消息。这一天，他一共接奉廷寄四件，中有谕旨一道，又有军机处转抄的不知上奏人姓名的奏折一件。他先扫了一眼抄示的奏折，发现咸丰皇帝所立赞襄政务八大臣的名字都在上面，便立刻引起了他的高度警觉。仔细读来，只见奏折中写道："载垣、肃顺、端华明正刑典，人心欣悦。"但奏折并未说明赞襄政务大臣们是哪一天被逮被杀的，也未说他们犯了何罪。曾国藩看后，真是吓了一大跳。

他赶紧拿起谕旨看个究竟，以为谕旨会对此事做出解释。更让他惊异的是，谕旨却一字未提赞襄政务八大臣的事，而是公布了有关他自己的新的职务任命，其中写道：钦差大臣两江总督曾国藩着统辖江苏、安徽、江西三省，并浙江全省军务，所有四省巡抚、提督以下各官，悉归节制。

　　曾国藩通过对朝廷内的大势的把握与深入细致的分析，得出这既是重用又是警告、鞭策自己，认为自己权太重，位太高，虚名太隆，因此必须辞谢大权的结论。这一决定无疑是正确的。不仅使自己进一步摸清了清政府的意图，为自己下一步决策提供了参考，而且也使清政府心甘情愿地、更为放心地将大权交给曾国藩。清廷让曾国藩节制四省军务的决定具有非凡的象征意义。曾国藩作为湘军的创始人和统帅，曾长期受清廷的猜忌与压抑，自从 1860 年摆脱这种状况以来，其权势日渐增大，在清朝政治军事权力格局中的地位稳步上升。现在，清廷不但对他已完全表示信任，而且还为了能让他更好地发挥作用，竟然不惜打破祖制旧规，清廷此时也并不是不知道地方督抚权力过大，会有尾大不掉的危险，最终结果就犹如慢性自杀，但为了打败最大的敌人，他们已顾不得那么多了。

　　曾国藩在把握了朝廷的这些内情与动态后，根据自己的推断，找出了自己思考的重点以及行动的方向。他认为，以现在的形势推断，最应担忧的，不再是朝廷内部的矛盾问题，因为对于清廷中央来说，他们现在最大的敌人仍然还是太平天国，为了打败这个令人切齿的对手，是可以暂时将权力下放给湘军将领的，即使做出一些超越体制和常规的做法，也是能够接受的。慈禧太后将辛酉政变的消息以一种婉转的方式告诉曾国藩等人，虽然有敲打湘军将领的意思，但并不希望他们就此裹足不前，他们更主要的还是要鼓励他们更好地为朝廷办事，赶紧将太平天国彻底打垮。而随着湘军实力的扩展、地位的提高，真正需要曾国藩担忧的则是集团内部的维系问题。曾国藩已经很明确地意识到了这一点。

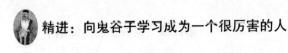

因此曾国藩在把握了这样的"天下大势"之后，采取了一系列的果断行动，如为湘军集团的长远利益及维护他的个人权威考虑，将有深厚交情被他称为"三不忘"的朋友李元度弹劾革职；为出一口积之已久的恶气，拖延救援危在旦夕的政敌王有龄，终于使王有龄没有得到及时救援陷城而死，做出让李鸿章办淮军援攻上海等理性或有远见的安排。为后来湘军攻下天京做了有力的准备。

这些，都是在把握天下大势的情况下才具有的远见和胆识。

跟鬼谷子学绝学：一个做大事的人，必须谋之深远，在别人不能发现机会的地方发现机会，在别人不能谋取利益的地方谋取利益，而这些都需要对大局有一定的把握，对现实有深刻的洞察，对未来有着准确的预期，在战略上有一个明确的规划。

形势明朗，再做决定

【鬼谷子语录】

凡趋合倍反，计有适合。化转环属，各有形势，反覆相求，因事为制。

【语录精解】

世间之事，无论是有关趋向合一或者背反相逆的事都会有适合各自情况的不同的计谋。事物不断变化运转，就像圆环的旋转变化一样，又各有自己的具体情形、变化形势。因此，谋臣应该根据不同情况，反复去寻求最佳的谋略，并按事物的发展变化而制定不同的制度措施以适应不同的情况。

要真正能够把握看准的机会，使这机会变成活生生的财源。除了行动迅速，敢想敢干之外，还要看清应当怎样办。实际上，这是一种比较综合的能力，除了要看到、看准之外，还要看到种种条件的辅助或制约。这就是深一层的眼光了，到底哪些条件可以利用，哪些条件是限制性条件，心里面要有个底。

诸葛亮"借东风"甚为有名。我们且来看胡雪岩是如何"借东风"的。胡雪岩为帮助左宗棠筹办船厂和筹措军饷向洋人借款成功，就是一个"借东风"的结果。胡雪岩是中国历史上第一个以商人身份代表

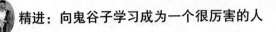

政府向外商引进资本的人。而在他之前，有明确规定不能由任何人代理政府向洋人借款。例如，曾是军机首领的恭亲王就曾经拟向洋人借银 1000 万两用于买船，所获批示是："其请借银一千万两之说，中国亦断无此办法。"这种情况甚至让一向果敢有决断的胡雪岩对是否能够准向外商借款也心存疑虑，是左宗棠的一番关于当下时势以及办大事要懂得顺应形势而做的剖析使他得以坚定。

左宗棠认为，做事情要如中国一句俗话所说的"与其待时，不如乘势"，许多看起来难办的大事，居然顺利地办成了，就是因为懂得顺势的缘故。同样是向洋人借款，那时要办绝不会被批准，而这时要办却可能批准。这是顺势使然：

一则那时向洋人借债买船，受到洋人多方刁难，朝廷大多数人不以为意，恭亲王亦开始打退堂鼓，自然绝不会再去借洋债。而此时洋人已经看出朝廷决心平定太平天国、收复东南财富之区，自愿借款以助军务，朝廷自然不会断然拒绝。

二则当时军务重于一切，而重中之重又是平定太平天国。为军务所急向朝廷提出向洋人借款的要求，朝廷也一定会听从。

三则此时领衔上奏的左宗棠本人手握重兵，且平定太平天国有功而深得朝廷信任，由他向朝廷提出借款的事，其分量自然也就不一般了。借助这三个条件形成的大势，由洋人借款不办则罢，一办则准成。

事实的确如此，据史料记载，自同治六年（1867 年）到光绪七年（1881 年），以左宗棠西征筹饷为由，胡雪岩先后六次向外国银行借款，合计金额达 1770 万两。向外国银行借款利息为 8 厘，而胡雪岩以 1 分至 1 分 3 厘的贷款利息投入钱庄运营，以最保守的方式，即以胡雪岩仅纯得利差额的三成计算。

曾国蕃长子，被认为是外交官的曾纪泽就谈道："十二月初二，葛立德言及胡雪岩之贷借洋款，洋人得息8厘，而胡道台（胡雪岩曾以捐纳而得授道台）极1分5厘，奸商谋利病民蠹国，虽籍没其资财，科以汉奸之罪，殆不为枉。"此处所记虽有不确，也有由作为曾国藩继承人的李鸿章与左宗棠之间的矛盾带来的情绪化因素，但也的确揭示了胡雪岩向外国银行融资而牟利的实情。

《清稗类钞》中也谈道："光绪初年，新疆用兵，左文襄公（宗棠）倡借用外债，此为政府募集外债之始，委道员胡光墉主其事。……此借债，划出若干为购买枪炮之需，债权者得两重利益，故得之者欣然。"

左宗棠所说的势，是指那些促成某件事情成功的各种外部条件同时具备，即由恰逢其时，恰在其他集合而成的某种大趋势。具体说来，这种"势"也就是由时、事、人等因素交互作用形成的一种可以促成"毕其功于一役"的合力。这里的"时"即时机。所谓"彼一时，此一时"，同样一件事，彼时去办，也许无论花多大气力都无法完成。而此时去办，可能"得来全不费工夫"！这里的"事"即将办之事。"一定的时机办一定的事情，同样的事情此时该办亦可办，此时也许不可办亦不该办。可办则一办即成，不可办则绝无办成之望。"这里靠的就是看的眼光，分析问题的能力。

同一件事不同的人会办出不同的效果。即使能力不相上下的两个人，这个人办得成的事情，另一个人却不一定能办成。还有一个是否"顺势"的问题。所谓乘势而行，也就是要在恰当的时机选择恰当的人去办理该办的事情。

当然，我们应该看到，这三个因素当中，看准恰当的时机是最为

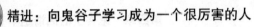

重要的。这就正如我们日常交往中发表对某件事情或者某项决策的看法一样。即使你是一个已有了举足轻重地位的人，即使你的意见绝对是正确的，要使你发表的意见发生根本性影响，也必须看准恰当的时机。否则，说早了没用，说迟了则徒然自误。

当第二次布尔战争（1899年—1902年）爆发的时候，有一个消息传入了摩根耳中："卡内基与佛里克两人似乎有意将钢铁和焦炭及相关的全部钢铁企业股票卖给英尔帮的企业。"捎来这个情报的人，是个非常具有冒险精神的"百万赌徒"盖兹。摩根一直将卡内基视为眼中钉、肉中刺。卡内基这个织布工人的儿子，从每星期挣1美元20美分一直发展到今天这个地步。在财富上，他甚至超过了摩根，成为当时世界上最富有的人。眼下，这个威胁着摩根帝国事业的人，突然急流勇退，又将事业转让给一个后起之秀，对此，摩根怎么能坐视不管呢？按说卡内基这次并非无缘无故地隐退。其间，他接二连三地遭到丧失亲人的打击。先是他敬爱的母亲撒手而去，然后，他的弟弟汤姆也去世了。时隔不久，在他布拉德克的工厂里，发生了熔炉爆炸事件。他失去了最可信赖的得力助手。

以后的消息传来，说莫尔同卡内基钢铁的佛里克总裁的谈判没有结果，莫尔拱手相送了100万美元。谈判失败的借口是，莫尔这一方面根本没有财力筹措出那么庞大的资金来。一个庞然大物，当然并非谁都能将它消化掉，尽管人人都想来尝两口。有的人非但无法对付得了，反而闹出"胃病"，落个"偷鸡不成，反蚀一把米"的下场。莫尔就是这种自不量力的人，在放弃了购买卡内基钢铁的念头之后，他又合并了一些小型企业，创设了"美国钢铁"及"美国制罐"两家公司。这两家公司好像是专门为了让摩根吸收合并而特设的，在创办不久即被摩根收购。

忽然，又传来了消息，说卡内基这次好像有意要将事业整个卖给洛克菲勒。摩根听到这个消息时，惊奇得不得了。为什么卡内基偏偏没有想起过他？他忙派人去了解情况，然后将事情前因后果联系起来，综合性地用起了脑袋，终于，他想通了：洛克菲勒光石油就够他忙的了，绝对不会买的！他现在必须致力于控制世界石油才好，怎么可能再插手钢铁呢？摩根决定不再想收购钢铁的事情了，他暗暗地想时机一定会到他头上的。

果然不出所料，没过多久卡内基就主动派人来接触摩根了。原来卡内基并不是没想到他，而是一开始就想到他，但怕主动找他会使自己一方价格被压住。因此放出各种谣言，想刺激摩根主动上门去跟他谈。谁知，摩根早将这些小道消息依靠事实的帮助，一个个击得粉碎，从而赢得了主动权。

跟鬼谷子学绝学：我们常讲做人做事要"明智"。"明"就是要把问题看清楚，要明白。"智"就是采取聪明的对策。我们须知对任何事情，都要有一种既明且智的头脑，看清楚了再采取对策。这里讲的是一种看问题应持有的正确眼光，既要看到过去，又要看到现在和将来。

机会来临，准备要足

【鬼谷子语录】

是以圣人居天地之间，立身、御世、施教、扬声、明名也；必因事物之会，观天时之宜，因知所多所少，以此先知之，与之转化。

【语录精解】

所以圣人生活在天地之间，无论是立身处世、控制世事、施行教化、扩大影响、显扬名望，都必须看清事物的发展变化，抓住有利时机，权衡利弊，来分析一个国家哪些方面是优势，哪些方面是劣势，并能随变化了的形势及时做出调整，促进事态向有利的方面转化。

胡雪岩被当时的人称为侠商或者东南大侠。什么是侠？武侠小说中的大侠哪个不是胆大包天的主？在现实生活中，胡雪岩也的确有着为人热情、胆大不怕事、助人为乐这样的侠义心肠。在商场上，胡雪岩就更不怕风险了，找着机会就勇于冒险。

胡雪岩人生最关键的一步：资助王有龄，就是因为他有着敢于赌一把的高风险意识，敢拿前程做赌注，才走出了一步精彩的命运之棋。

那时候胡雪岩不过是一个小伙计，当他遇到十分落魄的王有龄时，知道王急切要走门路求官位。胡雪岩就自作主张，大胆地将老板的五百两白银这样一笔巨款暂时借给了王有龄，以此作为王进京的活动费。

为此，胡雪岩被老板炒了鱿鱼。在当时，他的这种越轨行为无异于是自杀，意味着自己从此将无法在社会上立足。胡雪岩敢把宝押在这样一个落魄者身上，他下的赌注实在是太大了。但正因为赌注大，他得到的回报也更多。面对素不相识之人的慷慨资助，王有龄能不感恩戴德吗？中华民族的传统美德就是"滴水之恩，当涌泉相报"。

王有龄在谋到了官位和肥缺之后，胡雪岩就得到了很多回报：一是启动资金，二是官场的势力，三是为朋友敢于两肋插刀的"义"。有了这三样资本，胡雪岩不想发财都难了。胡雪岩创业时正处于太平天国与清廷对抗的时期，一般生意人为求稳当经营态度都转趋保守，但是胡雪岩却在乱世动荡中看到了商机。

当时，市面上银价的汇兑落差十分不稳定。胡雪岩认为，银价汇兑落差很大，表示钱庄低进高出的机会也大，只要看得准，兑进兑出，两面都有钱赚。

果然，胡雪岩创立的阜康钱庄在不稳定的政局中，不但事业蒸蒸日上，日后更成为他经营政商关系以及跨足其他行业，例如生丝、药店、军火、典当的后备金库。

当时，经营钱庄的人也很多，或许这并不能足以说明胡雪岩就比其他钱庄老板的胆量大。最能体现胡雪岩"刀口舐血"的经商性格，就是他敢于顶着朝廷，吸收太平军的存款。在清政府眼中，太平军是叛乱团体，吸收太平军的财产无疑就是隐匿"逆贼"的财产。朝廷要是知道哪一家钱庄敢替太平军存钱，就会没收钱庄的财产，砍了老板的脑袋。一个商人要是做这样的生意，结果通常是"有命赚钱、没命花钱"，因此当时很多钱庄根本不敢收"太平军"的存款。

胡雪岩为什么敢做这样的违王法的生意呢？当然是看见了"刀口"上的"血"，就是风险中的机会，所以不惜冒着舌头被刀口划破的风险，去赚这大钱。

胡雪岩认为，江南素为财富重地，太平军占据江南多年，并已经劫掠了无数的财富。太平天国首领洪秀全定都天京修建的金龙殿，柱子全为真金粉末所敷，在英王陈玉成府内也搜出了二十万两的银子，而且太平天国中的下层军官也有敛聚财物的嗜好。

清军与太平军酣战十几年，在清军攻下重要战略城市杭州之后，太平军就呈现出了气数将尽的气象。这时候，许多太平军的中下层军官正盘算着日后如何营生。胡雪岩料定，太平军的人在这个时候只想找一个稳当的地方存放银子，根本不会计较利息。而自己用这笔低利的存款放贷出去，所产生的利息就相当可观，这是一本万利的好生意。

于是，胡雪岩大胆地吸纳太平军的存款，然后再放款给从江浙逃到上海避太平天国之乱的乡绅。胡雪岩为什么放贷给这些人？因为他们在祖籍靠用产收租过活，逃难到上海坐吃山空，日子一久不得不举债过日子。不过，他们跟前虽然没钱，但田产尚在，只要战乱一结束，回到老家照样是神气洋洋的土财主，所以不愁没有偿还能力。

一人拼命，十人难敌。经商也是这样，勇气能够让你占据上风、占得先机，往往也能最终取得胜利。胡雪岩是商场上的常胜将军。而他之所以能以令世人咋舌的速度张扬势力，一天比一天强大，很重要的一个原因就是他有胆有识，在看清楚形势的情况下敢冒风险，比别人多了一份令自己走向成功的勇气。

当初，胡雪岩得知青帮要替太平军运送一批从上海购买的军火。

因为战事频繁，军火买卖的利润特别大，连回扣都是一笔不小的款子，胡雪岩早就眼红这门生意了，只是不知如何着手。这次他知道了这条消息，正好可以先别人一步，把这笔生意抢来自己做。恰好在这个时候，官府也准备购买五百支毛瑟枪，以加强浙江军营的装备。

胡雪岩粗略算了一下，每支毛瑟枪约五十两银子，五百支就是二万五千两，只要回扣在一分以上，那就至少可以赚到三千两银子，应该是一笔好买卖。

于是，胡雪岩马上收拾行装，雇了一只小火轮，连夜急赴上海。老谋深算的他知道，商场如战场，稍有迟误就会错失良机。而且，胡雪岩还算准了，洋人肯定会一边跟太平军讨价还价，一边拖延时日，以便在最后关头狠狠地敲上太平军一笔。

胡雪岩还估计，太平军欲购的这五百支枪数量巨大，洋人不可能有现货，等到从国外运过来时就应该是一个月之后了。胡雪岩很有信心让洋人将这批军火卖给自己。

胡雪岩到上海后，通过青帮头子廖化生结识了在洋人手下打工的欧阳尚云。从欧阳尚云那里胡雪岩得知事情果真像自己事情估计的那样，太平军所购军火因为现货不足，买卖还没成交麦得利已经发电报向国内催运了，下个月初才可以交货。

胡雪岩一算，还有二十多天时间，二十天用来同洋商周旋，时间上是绰绰有余了。胡雪岩十分自信地认为麦得利一定会改变主意，他会同太平军毁约，把生意转给自己。

在与麦得利谈判的过程中，胡雪岩勇气十足，不因为对方是洋人就害怕，而是理直气壮地让麦得利将军火卖给自己。在关键时刻，甚至威胁麦得利，如果将军火卖给太平军，清政府就会派兵截获这批军火甚至追究麦得利的法律责任。

这样一恐吓，麦得利怕了，既怕自己血本无归，还怕清政府找自己的麻烦。他在得知胡雪岩的财富足以买下英伦三岛中的其中之一时，当即惊得哑口无言，于是乖乖地放弃了原来的计划，把军火卖给了胡雪岩。

跟鬼谷子学绝学：两个人同时看到机会，这两个人就要为夺得这个机会而竞争。结果往往是准备充分的那个人才会取得最终的胜利。总之，机会是属于有准备的人，要想取得机会，把握机会，没有准备，再多的努力也是徒劳！

当行则行，该止则止

【鬼谷子语录】

其术也，用之天下，必量天下而与之；用之国，必量国而与之；用之家，必量家而与之；用之身，必量身材能气势而与之；大小进退，其用一也。必先谋虑计定，而后行之以飞箝之术。

【语录精解】

把"忤合"之术应用于天下，必定要从总的形势方面权衡，然后总揽全局；把它应用到一个诸侯国，必定依据诸侯国的情况来制定实施措施；把它应用到大夫封地，必定衡量那块领地的人文地域状况，再决定对策；把它应用到一个人身上，就必定衡量这个人的才智、能力、气度，之后再量才而用。无论范围大小，不论有进攻之计还是退却之策，"忤合"之术的应用都是相同的。必定先谋划、分析，先制定好实施措施，再用飞钳术来作为补充手段。

机不可失，时不再来。商战中，经营者总感觉到，机遇总是那么来去匆匆，一闪即逝。机遇不会停留，不能重演，一旦失去，无法补偿，无法追回。

在长江公司的塑胶花牢牢占领欧洲市场后，营业额及利润成倍增

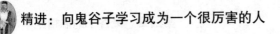

长。1958年，长江公司的营业额达1000多万港元，纯利100多万港元。李嘉诚因此赢得了"塑胶花大王"的称号。但是，他并没有停下自己前进的脚步，相反，他还要大力发展，他给公司定的下一个目标就是进军北美。

美国和加拿大，是发达的资本主义国家。尤其是美国，幅员辽阔，人口众多，消费水平极高，占世界消费总额的 1 ／ 4 强。李嘉诚陆续承接过香港洋行销往北美的塑胶花订单，但这些都是小额订单，远远达不到他的期望。

在竞争激烈的商业社会中，"守株待兔"是纯粹的机会主义，最终只能使工厂走向没落；"酒香不怕巷子深"，是陈旧过时的经营理念，根本就不符合发展快速的信息时代。

李嘉诚决定要主动出击。他设计印刷了精美的产品广告画册，并通过港府有关机构和商会了解到北美各贸易公司的地址，然后分别寄了出去，静候佳音。

没过多久，果然就有了反馈。北美一家大贸易公司，在收到李嘉诚寄去的画册之后，对长江公司的塑胶花彩照样品及其报价都特别满意，于是决定一周之后派购货部经理亲自来香港一趟，以便"选择样品，考察工人，洽谈入货"。

这家公司是北美最大的生活用品贸易公司，销售网遍布美国、加拿大。机会千载难逢，但机会却非长江一家所属。对方的意思很明显，他们将会考察香港整个塑胶行业，或从中选一家作为合作伙伴，或同时与几家合作。

李嘉诚面临的又是一场激烈的竞争，这次要比信誉、比质量、比规模，要斗智斗力，方能确定鹿死谁手。李嘉诚的目标是使长江成为北美公司在香港的独家供应商。他自信产品质量是全港一流的，但论资金实力、生产规模，却不敢在香港同业中称老大。

在香港有十家实力雄厚的大型塑胶公司，不用说别的，就只看工厂的外貌，就足以让人肃然起敬了。长江公司的工厂格局，却还未摆脱山寨式的巢穴，更不用说生产规模了。就这点给来自先进工业国的外商们看了，最起码的第一印象就不够好，而第一印象往往又是很重要的。

给予李嘉诚的时间只有短暂的一周。他召开公司高层会议，宣布令人惊愕而振奋的计划：必须在一周之内，将塑胶花生产规模扩大。

这一年，李嘉诚正在北角筹建一座工业大厦。原计划是等建成之后，留下两套标准厂房自己用。而现在，他只能另外租别人的厂房应急了。为了抢时间，李嘉诚委托房产经纪商代租下一套房子，除此之外，其他所用的资金绝大部分是银行的大额贷款。他以筹建工业大厦的地产做了抵押。

但是这一系列的工作又是那样的杂而多：旧厂房的退租，可用设备的搬迁，购置新的机器设备，新厂房的承租改建，设备的安装调试，还有新聘工人的培训及上岗，工厂又要上新的轨道并保证正常运作……这么巨大的工程，要在一周内完成，在常人看来简直就是天方夜谭，是不可能的事。更何况，只要在任何一个环节上出现了问题，都极有可能导致整个工作计划的失败。那样不仅前功尽弃，而且其间的耗费又岂是哪一个人能承担得起的？

李嘉诚和全体员工一起，奋斗了整整七昼夜，每天只有三四小时的睡眠。李嘉诚紧张而不慌乱，哪组人该干什么，哪些工作由安装公司做，以及每一天的工作进度，全在日程安排表中标得清清楚楚。就这一点可见李嘉诚的冒险并非草率行事。

考察的那天终于到了。当北美贸易公司的负责人到来时全部的工作也正好结束。李嘉诚把安排全员上岗生产的事情交付给副手去负责，自己亲自驾汽车去启德机场迎接远道而来的客人。

在这位大客商到来之前，李嘉诚早已为他在港岛希尔顿酒店里预订了房间。等到客人上了车，李嘉诚就问这位外商："先生，您是先住下休息一下，还是先去工厂里参观呢？"那位外商不假思索地说道："当然是先去工厂里看一下了。"

外商在李嘉诚的带领下，参观了全部生产过程和样品陈列室，由衷称赞道：

"李先生，我在动身前认真看了你的宣传画册，知道你一定有不小的厂房和较先进的设备，但没想到规模这么大，这么现代化，生产管理是这么井井有条。我不是恭维你，你的厂完全可以与欧美的同类厂媲美！"

李嘉诚欣慰地说道："感谢您对本工厂的赞誉。我可以向您保证我们的产品质量和交货期限。您已经看过我们的报价单，如购货批量大，价格还可以商量。总之，信誉问题，请你们绝对放心。"

"好，我们现在就可以签合同。"外商性急而爽快地说。

外商办完了自己应办的事情之后要回去了，李嘉诚又亲自驾车送他去希尔顿酒店。当李嘉诚要告辞离开时，又诚恳地对美商说："明天我再来接您，带您去参观一下别的塑胶公司，你说怎么样？"

外商笑着说："不必去了，我倒想请你做我的向导，去参观中国寺庙。我知道你的内心，其实并不希望我参观其他厂，这样你好做我们的独家供应商。"

"不，不。"李嘉诚连忙说道："我有这个自信。"

这家北美公司从那天起就成了长江工业公司的大客户，每年来香港长江工业公司的利润都以百万美元来计算。更值一提的是，通过这家大公司，李嘉诚获得了加拿大帝国商业银行的信任，并且发展成为合作好伙伴的关系，进而为李嘉诚进军海外架起了一道桥梁，为李嘉诚成立跨国公司打下了基础。

由于李嘉诚对市场趋势了如指掌，塑胶花的销售行情愈来愈好。他建立了香港乃至世界上最大的塑胶花工厂。到 1958 年，他的资产已经突破了港币 100 万元，开始进入"百万富翁"的行列。

有胆有识，敢于拼搏是成功的法宝。一个人若想要成功，就必须敢字当头，以积极的心态面对一切，迎难而上，勇往直前。就算你在人生路上身处逆境，遭遇挫折，只要你有卧薪尝胆、破釜沉舟的拼搏精神，你就一定能够把握时机，扭转乾坤。

跟鬼谷子学绝学：人人都明白，时光不会倒流。时间就是金钱，在激烈的市场竞争中，虽是老生常谈，却是铁的原则。每一个商战机会，都伴随着一定的时效性，所以精明的经营者一旦发现这样的机会，就要以最快的速度开发它、利用它。因为，机会对任何人都是均等的，差异只在于快慢。谁快，谁就先得益，反之，就会两手空空。

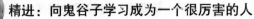

了解隐情，待时而动

【鬼谷子语录】

揣情者，必以其甚喜之时，往而极其欲也；其有欲也，不能隐其情。必以其甚惧之时，往而极其恶也；其有恶者，不能隐其情。情欲必出其变。感动而不知其变者，乃且错其人勿与语，而更问其所亲，知其所安。夫情变于内者，形见于外，故常必以其者而知其隐者，此所以谓测深探情。

【语录精解】

所谓揣情，就是在对方情绪最高涨的时候，想办法对他施加影响，让他尽情吐露自己的欲望。因为他既然有欲望，在情绪极高时是容易流露出来的。或者在对方最担心恐惧的时候，这时前去，极力引导他倾吐出厌恶、害怕之事。因为既然他有恐惧的心理，就隐瞒不住内心的真实情怀。真实情意必定是在他的情感发生极端变化的时候不自觉地表现出来。若碰到那种在情感发生极端变化的时候也不表露真情的人，就暂且放弃他，不要再对他说什么了，而应去了解他所亲近的人，探知他的意图所在。那些感情从内部发生变化的人，必然要通过形态显现于外表。所以，通常情况下，我们都是依据对方外在形貌举止的变化去了解那些隐藏在内心的真情，这就叫作探测人的内心深处而揣度人的情意。

俗语有"雁过留声，人过留名"，无非是表明人们对名声的重视。大多数人都有功名之心，也正是因为功名之心，人们才会拼搏奋斗。为取得功名有人做出了巨大的牺牲，甚至失去了生命。

　　但是，在求功名的过程中，人们的表现方式各异。有人认为要想取得功名，就得向外人证明自己有才。于是，他们会在众人面前展示自己，标榜自己的实力。没有赏识者的时候，他们仍然会表现自己的与众不同。这类人为了证明自己不是庸才，便选择了炫耀自己，结果为此遭到的反感、嫉恨远远超过了赏识。

　　曾国藩遍读古书，深谙锋芒毕露招祸患的道理。他常以古人为鉴，检点自身，生怕自己因为露出锋芒而遭忌受挫。

　　曹操曾命属下为自己建造一处花园，属下尽心尽力，很快将花园建好，请曹操前去观看。曹操去后，面无表情，没有对所建花园发表看法，只是提笔在门上写了一个"活"字，便匆匆离开。属下人苦苦思索，仍然觉得茫然。杨修对众人说道："门上添一'活'字，自然为阔，丞相觉得花园门太大了而已。"于是，主管此事的人立即对已建花园进行翻修，建好后再次请曹操前来观看。曹操见后，心里很高兴。不过得知是杨修解其意后，心中不是滋味。

　　事后不久，塞北官吏给曹操送来了一盒酥饼，曹操即兴在盒子上写下了"一合酥"三个字，然后将其置于台上。杨修看到后，即刻将酥饼取来与众将士同享美味。曹操问杨修为何不经过自己的准许便将酥饼分与众人，杨修却解释说，"一合酥"乃"一人一口酥"之意，既然丞相如此命令，不敢不从。曹操听后，脸上虽然高兴，心中却暗暗妒忌杨修的才能。曹操猜忌心很重，他怕别人会暗杀他。于是常对手下说，他睡觉时总是做一些杀人的梦，告诫他们不要在

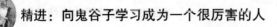

他熟睡时靠近他。一日，曹操睡觉的时候将被子蹬到了地上，一侍从慌忙拾起被子准备给他盖上。这时，曹操一跃而起，拔剑就刺，侍从一命呜呼。曹操继续上床睡觉，醒后，假意不知其事，召人问之。待知实情后，曹操大哭，甚为痛苦，随后厚葬被杀侍从。杨修一语点破曹操的心思："丞相非在梦中，而君在梦中。"曹操对其更加嫉恨，欲找借口杀了杨修。

曹操带兵驻扎汉中一带，本想速战速决，不想竟与刘备大军形成对峙局势。曹操心中极为矛盾，进退难定。一天，厨师送上鸡汤，曹操见碗底有鸡肋，顿时心生感慨，暗自沉吟。适逢夏侯惇前来禀请夜间号令，曹操脱口而出："鸡肋！鸡肋！"夏侯惇误以此为号令，将其传出，众人皆知。作为行军主簿的杨修立即令随行军士整理行装，为撤退做好准备。夏侯惇不明白杨修所为，急忙赶往其帐内。杨修说道："鸡肋者，食之无肉，弃之可惜。今进不能胜，退恐人笑，在此无益。来日魏王必班师矣。"听了杨修的一番解释，夏侯惇甚感有理。曹操知道事情缘由后，异常愤怒，以造谣惑众的罪名将杨修处死。

杨修恃才傲物，屡次引发曹操嫉恨，得此下场也是必然。历史上不乏类似杨修之人。隋代的薛道衡，天资聪颖，十来岁便能够将《左氏春秋传》烂熟于心，并能够讲给别人听。隋文帝在位时，薛道衡因出类拔萃在朝廷任内史侍郎。文帝死后，炀帝即位。炀帝很是自负，他自认为文才很高，无人可以居其右。

炀帝时，薛道衡先在潘州任刺史，后被召至京城，在宫廷内做事。他作有《高祖颂》，其文辞自然超群，炀帝阅后，心生怨恨，妒其才。御史大夫火上浇油，在炀帝面前搬弄是非，说薛道衡自认为才华横溢，没有人可以超过他，尽管有人指责他，他仍然我行我素，不把炀帝放在眼里。炀帝本来就对薛道衡不满，于是随便找了个借口就将其绞死了。

虽天下人都为薛道衡鸣不平，那又如何？封建王朝，君要臣死，臣不得不死。如果薛道衡不露锋芒，就不会引起炀帝嫉恨，也就不会招来杀身之祸。木秀于林，风必摧之；堆土出岸，流必湍之；行高于人，众必非之。有才，并不意味着能仕途通达，它需要有德来约束。这里的德，乃是指掩盖锋芒的自制力。

关于才德，曾国藩有自己的看法，他曾写过这样一段文字：

"司马温公曰：'才德全尽，谓之圣人；才德兼亡，谓之愚人。德胜才，谓之君子；才胜德，谓之叫人。'余谓德与才不可偏重。譬之于水，德在润下，才即其载物溉田之用；譬之于木，德在曲直，才即其舟楫栋梁之用。德若水之源，才即其波澜；德若木之根，才即其枝叶。德而无才以辅之，则近于愚人；才而无德以立之，则近于小人……二者既不可兼，与其无德而近于小人，毋宁无才而近于愚人。自修之方，观人之术，皆以此为衡可矣。"

曾国藩的见解颇为独到，洞察了德与才的相互关系。他认为，有才无德，便会恃才傲物，目中无人，最终会自食恶果。

曾国藩之所以有这样的见解，正是吃了很多苦头后才体味出来的。曾国藩的前半生，处处锋芒太露，因此处处遭人忌妒，受人暗算，连咸丰皇帝也不信任他。1857年2月，他的父亲曾麟书病逝，清朝廷给了他三个月的假，令他假满后回江西带兵作战。但三个月后曾国藩却伸手要权，遭到了皇帝的拒绝。同时各方面的舆论认为此次曾国

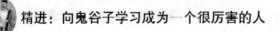

藩离军奔丧已属不忠，此后又以复出作为要求实权的砝码，这与他平日所标榜的理学家面孔大相径庭。对他发出种种指责与非议，对于朋友的规劝、指责，曾国藩还可以接受，如吴敏树致书曾国藩谈道"曾公本以母丧在籍，被朝命与办湖南防堵，遂与募勇起事。曾公之事，暴于天下，人皆知其有为而为，非从其利者。今贼未平，军来少息，犹望终制，盖其心态有不能安者。曾公诚不可无是心，其有是心而非讠言之者，人又知之……奏折中常以不填官衔政被旨责，其心事明白，实非寻常所见。"吴敢把一层窗纸戳破，说曾国藩本应在家守孝，却出山，是"有为而为"，上给朝廷的奏折有时不写自己的官衔，这是存心"要权"。在内外交困的情况下，曾国藩忧心忡忡，遂导致失眠。在经历了一段时期的自省自悟以后，曾国藩在自我修身方面有了很大的改变。及至复出，为人处世不再锋芒毕露，日益变得圆融、通达。

生活中，他也尽量做到不露锋芒，将才华深藏。他曾说过："吾平生短于才，爱者或以德器相许，实则虽曾任艰巨，自问仅一愚人，幸不以私智诡谲凿其愚，尚可告后昆耳。"

这里有一封他写给陈源兖和郭嵩焘的信：

"易念园归，称岱云有《之官诗》四章，未蒙出示。（近各省有拐带幼儿之案，京城亦多，尊处有之否？若有，须从严办也。）杜兰溪于闰月抄奉母讳，将以八月出都，留眷口在京。胡咏芝来京，住小珊处。将在陕西捐输，指捐贵州知府万余金之多。不费囊中一钱，而一呼云集，其才调良不可及，而光芒仍自透露，恐犹虞缺折也。岱云在外间历练，能韬锋敛锐否？胡以世态生光，君以气节生芒。其源不同，而其为人所忌一也。尚祈慎旃！（陕甘番务办毕，尚为妥善。

云南回务尚无实耗，大约剿抚兼施耳。镜海文尚在南京。）比移广信，士友啧啧以肥缺相慕，眼光如豆，世态类然。"

在这封信中，曾国藩提到陈源兖凭着个人气节引人注意，胡林翼凭着擅长交际露出不俗气息，虽然二人才能出众的途径不同，但都没有掩盖锋芒，都会招人嫉恨。

曾国藩认为，为人与书法有相通之处。书法有藏锋之说，藏锋收尾才能笔落惊鸿，写出上乘的作品，做人也是如此。

锋芒不露讲的就是一个"藏"字，仅这一个"藏"字，就包含着无穷意味。"藏"的目的，是不让别人发现自己的长处，不引起别人的妒忌，更好地保护自身，是等待时机，在最有把握的时候出击，令敌人大吃一惊，防不胜防。

处世中，有人锋芒毕露，有人藏锋露拙。曾国藩则属于后者，他虽有才干，却不轻易外露。毕竟，才华横溢会遭人嫉恨和打击，最终导致事业上的失败。

《易经》上说："君子藏器于身，待时而动。"这里的"器"，便可引申为才华、实力。没有才干，想要有大作为，无疑是很困难的。但有了才干，却不加掩饰，锋芒尽露，这些"锋芒"或者"器"便如同带刺的玫瑰，很可能触痛别人的不平衡心理，于是，人们便会反击，将其"锋芒"拔掉，将其"器"缴械。

曾国藩有言："处兹大乱未平之际，惟当藏身匿迹，不可稍露头角于外，至要至要。"

跟鬼谷子学绝学：古今多少人，他们目光短浅，急于求成。他们不愿意放过任何可以表现的机会，一旦表现，则力求做到淋漓尽致，恨不得将心掏出来给别人看。殊不知，他们犯了激进的毛病，这样做的结果只能让自己陷入被动。如果自己有才，不一定能够得到别人赏识，有时候还会让掌权者产生妒忌，如曹操妒杨修之才，炀帝妒薛道衡之才；如果自己无才，却在大庭广众之下极力自我表现，无异于班门弄斧，拙笨之处暴露无遗，给别人留下可乘之机。

～✦ 小处着手，用心揣情 ✦～

【鬼谷子语录】

故计国事者，则当审权量；说人主，则当审揣情；谋虑情欲，必出于此。乃可贵，乃可贱；乃可重，乃可轻；乃可利，乃可害；乃可成，乃可败；其数一也。故虽有先王之道、圣智之谋，非揣情隐匿，无可索之。此谋之大本也，而说之法也。

【语录精解】

因此，谋划国家大事的人，就应当缜密地权衡天下的形势；向君主游说陈情献策时，就应当仔细地揣度君主的内心情感。谋略计策、考察情欲必然要用这种策略。懂得揣术的道理并加以运用，就可以富贵，也可以贫贱；可以权倾一时，也可以微不足道；可以获取利益，也可以招致祸害；可以成事，也可以坏事，均由自己决定和控制。所以，虽然有古圣先王的德行，有圣人高超的智谋，不揣度透彻所有隐蔽的深藏的实情，将什么也追求不到。这是谋略的根本原则，是游说君主的基本方法。

古人说："世事洞明皆学问，人情练达即文章。"办事离不开"人情定律"，不懂不察人情是不可以的，因为，人情是无根的东西，想要固定它，必须牢牢地掌握它。

通晓人情，就是要有一种设身处地，将心比心的情感体验的态度。从正面讲，就是要"己欲立而立人，己欲达而达人"。就好像肚子饿了要吃饭，应该想到别人肚子也饿了，也要吃饭；身上冷了要穿衣，应想到别人也与你一样。懂得这些，你就要"推食食人""解衣衣人"。刘邦深谙此道，所以他在韩信眼中是个通情的人，并且刘邦还使韩信欠下自己的人情债从而不忍背叛。

汉王四年（公元前203年），韩信平定了齐国，他向汉王刘邦上书："我愿暂代理齐王。"刘邦大怒，转而一想，他现在身处困境，需要韩信，就答应了。韩信力量更加壮大。齐国人蒯通知道天下的胜负取决于韩信，就对他说："相你的'面'，不过是个诸侯，相你的'背'，却是个大福大贵之人。当前，刘、项二人的命运都悬在你的手上，你不如两方都不帮，与他们三分天下，以你贤才，加上众多的兵力，还有强大的齐国，将来天下必定是你的。"

韩信说："汉王待我恩泽深厚，他的车让我坐，他的衣服让我穿，他的饭给我吃。我听说，坐人家的车要分担人家的灾难，穿人家的衣服要思虑人家的忧患，吃人家的饭要誓死为人家效力，我与汉王感情深厚，怎能为个人利益而背信弃义。"

过了几天，蒯通又去见韩信，告诉他时机失去了便不再来，韩信犹豫不决，只因汉王对他情深义重。

我们姑且不论刘邦以后如何处死了韩信，但就人情世故而言，刘邦很成功，他能令韩信在想到背叛时心中产生愧疚，不忍去做。

通晓人情从反面讲，就是要"己所不欲，勿施于人"。你爱面子，就别伤别人面子；你要得到别人尊重，就不能不尊重别人。

项羽虽然有"霸王"的美称，却只有霸者的习气，没有王者的风范。他自己想称王，却想不到手下的弟兄也想做官。该赐爵的时候，爵印就在他手中，棱角都磨损了，他还是舍不得颁发下去。

因此，与其说是项羽败给刘邦，还不如说他输给了人情。通晓人情还不够，有的人既通又晓，但自视清高，懒得做。情是做出来的，需要有你的人缘。

有人缘的人，才会广交朋友受人欢迎。

话虽这么说，但人情的"通"，人缘的"有"，是不能靠守株待兔的，天上不会掉下一张馅饼，而且刚好掉到你的嘴巴里。人情要去做。

做人情，前提便是察言观色，消息灵通。

察言，便是"闻一知十"，观色，便是"见面明意"。真正地做到了这一点，让你的朋友欠个人情给你，简直太容易了。

李先生与赵先生在一家商场相遇，赵先生带着他的独生女，两人边走边谈些生意上的事情，当经过女装柜台时，李注意到赵的女儿的眼光落在一件红色衣服上。第二天，李来到赵的家，送给赵的女儿一件红色的衣服作为礼物，赵的女儿很开心，却没想到，父亲有一天要给"李叔叔"一个面子，将这个情还上。

当代社会，随着学术理论的不断完善，人们认知水平的不断提高，"察言观色"已经成为了许多人信奉和推崇的一种极其重要的职场情商能力。

美国哈佛大学心理学教授加德纳博士在他的"多元智能"理论中，把察觉并区分他人的情绪、意向、动机及感觉的能力（包括对他人脸部表情、声音、动作的敏感性，辨别不同人际关系的暗示以及对这些暗示做出适当反应的能力）称作为"人际智能"。缺乏"人际智能"的人，很难与他人进行有效的沟通，也很难在社会实践中取得成功。

沟通学者的研究发现，人们在沟通时，有7%的效果来自于说话的内容，38%取决于声音（音量、音调、韵脚等），而有55%取决于肢体语言（面部表情、身体姿势等）。因而，在解读他人心意时，重要的不只是听他说了些什么，更要紧的是看他怎么说。可见，由于人们之间超过90%以上的交流都是通过非语言方式完成的，所以说话不仅要用嘴巴，更要用眼睛。

当然，"察言观色"不是奉承，关注别人的表情也不是说要投谁的所好，要用假话去蒙蔽别人。我们赞同"察言观色"，提倡与人交流时关注别人的表情，是为了使我们在说话的时候能够尽量选择别人容易接受的方式，使别人能够真正听懂和接受我们所说的东西，增强说话的效果，提高交流的效率。

某个销售员到一家公司去销售复印机，费了好大的劲才见到经理，经理爱理不理地答道："我暂时不需要复印机，谢谢你。"说完就埋着头摆弄着手里的鱼竿。

这位销售员看到经理专心摆弄鱼竿的样子，猜到他一定很喜欢钓鱼，于是他说道："王经理，这是富士竿吧？"

"唔，是啊，我新买的，怎么，你也懂钓鱼？"

"啊，钓过。"

"哎，钓鱼可有学问，可不是谁都能掌握的，你说说看，钓鱼有哪技巧？"

两人越谈越投机，经理好像遇到了知音，十分开心。这位销售员也在双方融洽、愉快的交谈中促成了生意。

从这则案例中我们不难发现，推销自己，影响别人，让别人听我们的"话"，不是简单的仗义执言就能够办得到的。人际交往中，对他人的言语、表情、手势、动作以及看似不经意的行为进行较为敏锐细致的观察，往往能够使我们与他人的交流更加容易，取得意想不到的效果。

当然，关注听者的表情，也是要有重点的，除了其他方面外，对眼睛的观察最为重要。从医学上来看，眼睛在人的五种感觉器官中是最敏锐的，大概占感觉领域的70%以上，因此，被称"五官之王"。孟子云："存之人者，莫良于眸子，眸不能掩其恶。胸中正，则眸子降，胸中不正，则眸子眩。"从眼睛里流露出真心是理所当然的，"眼睛是心灵之窗"。

深层心理中的欲望和感情，可以通过视线来观察了解。视线的移动、方向、集中程度等都表达出不同的心理状态。观察视线的变化，有助于人与人之间的交流。爬上窗台就不难看清屋中的情形，读懂人的眼色便可知晓人们内心状况。有人总结了一些关于眼色的所谓规律，尽管不一定全部正确，但即使仅仅只是作为一个参考，也可以给我们以借鉴。

1.我们看眼睛，不重大小圆长，而重在眼神。

2.你见他眼神沉静，便可明白他对于你着急的问题，早已成竹在胸，稳操胜算。只要向他请示办法，表示焦虑，如果他不肯明白说，这是因为事关机密，不必要多问，只需静待他的发落便是。

3.如果你见他眼神散乱，便可明白他也是毫无办法，徒然着急是无用的，向他请示，也是无用的。你得平心静气，另想应付办法，不必再多问，这只会增加他六神无主的程度，这时是你显示本能的机会，快快自己去想办法吧！

4.如果你见他眼神横射，仿佛有刺，便可明白他异常冷淡，如有请求，暂且不必向他陈说，应该从速借机退出，即使多逗留一会儿也是不适的，退而研究他对你冷淡的原因，再谋求恢复感情的途径。

5. 你见他眼神阴沉，应该明白这是凶狠的信号，你与他交涉，须得小心一点。他那一只毒辣的手，正放在他的背后伺机而出。如果你不是早有准备想和他见个高低，那么最好从速鸣金收兵。

6. 你见他眼神流动异于平时，便可明白他是胸怀诡计，想给你苦头尝尝。这时应步步为营，不要轻进，前后左右都可能是他安排的陷阱，一失足便跌翻在他的手里。不要过分相信他的甜言蜜语，这是钓鱼的饵，是毒物外的糖衣，要格外小心。

7. 你见他眼神呆滞，唇皮泛白，便可明白他对于当前的问题惶恐万状，尽管口中说不要紧，他虽未绝望，也的确还在想办法，但却一点也想不出所以然来。你不必再多问，应该退而考虑应付办法，如果你已有办法，应该向他提出，并表示有几成把握。

8. 你见他眼神似在发火，便可明白他此刻是怒火中烧，意气极盛，如果不打算与他决裂，应该表示可以妥协，速谋转机。否则，再逼近一步，势必引起正面的剧烈冲突了。

9. 你见他眼神恬静，面有笑意，你可明白他对于某事非常满意。你要讨他的欢喜，不妨多说几句恭维话，你要有所求，这也是个好机会，相信一定比平时更容易满足你的希望。

10. 你见他眼神四射，神不守舍，便可明白他对于你的话已经感到厌倦，再说下去必无效果，你该赶紧告一段落，或乘机告退，或者寻找新话题，谈谈他愿意听的事。

11. 你见他的眼神凝定，便可明白他认为你的话有听的必要，应该照你预定的计划，婉转陈说，只要你的见解不差，你的办法可行，他必然是乐于接受的。

12. 要是你见他眼神下垂，连头都向下倾了，便可明白他是心有重忧，万分苦痛。你不要向他说得意事，那反而会加重他的苦痛，你也不要向他说苦痛事，因为同病相怜越发难忍，你最好说些安慰的话，并且从速告退，多说也是无趣的。

13. 如果他的眼神上扬，便可明白他是不屑听你的话，无论你的理由如何充分，你的说法如何巧妙，还是不会有高明的结果，不如马上停止，退而寻求其他接近之道。

跟鬼谷子学绝学： 有一句广告词说得好"通则不痛，痛则不通"，当你不具备察言观色的能力时，你跟别人的交流就好比"擀面杖吹火"，肯定通不了，也肯定很痛。

言之有理，言之有礼

【鬼谷子语录】

常有事于人，人莫能先，先事而生，此最难为。故曰：揣情最难守司。言必时其谋虑。故观蜎飞蠕动，无不有利害，可以生事美。生事者，几之势也。此揣情饰言，成文章而后论之也。

【语录精解】

人们对某些事情常常感到来得突然，是因为事先不能预测。能在事情发生之前就预见到，这是最难的。所以说，揣测实情最难把握，向人进言，必须把握好对方谋虑的时机。所以我们观察小飞虫的运动，都有它们自己的利害关系存在，以此观之，就可以利用顺逆利害的道理成就事业。而事情的产生变化，往往表现为一种极微妙的自然现象。这些揣测实情的说辞要修饰成华丽的文章，然后进行论述。

荀子说："人无礼则不生，事无礼则不成，国无礼则不宁。"所谓"礼"，是教人尊敬与关心他人，使之合乎情理。所谓"节"，是教人言谈举止恰如其分，使之合乎事理。因而，大到国与国之间，小到人与人之间的交往，遵守礼仪，多多益善。

社会学认为，人的一辈子要扮演诸多的角色：为人子、女，为人夫、妻，为人父、母，为人下属，为人领导；与人为友，与人作对，与人为邻……一刻都不得空闲，不管你喜不喜欢，由此而衍生出来的各种关系把你困在网中央。

当你与人交往时，第一要求就是要做到言之有理。如当你在日常生活，工作中与人见面，说话要讲究语言的文雅。

有一次，一位中国乘客坐飞机时，一位后到的外国乘客要进入他的里座，这位外国人非常礼貌地说"pardon"(对不起)，当他侧身进去时，又因通道狭窄，两人身体擦了一下，又点头致意，说"sorry"(抱歉)。这位外国人的友善话语博得了对方的好感。在社交场合，你应尽量选择温和，亲切的语调、语气，以显示你的友善，同样的话语，如果使用的语调、语气不同，表达的意思也不同。同样是一句"对不起"，可以表示致歉或友善的情感，也可以表示威胁或讽刺、挖苦。

今天的社会及职场所欠缺的常常就是这些看似不起眼的礼貌用语和举止。在现实生活中也不乏有这样的事例：有些仪表堂堂的男士，尽管他衣冠楚楚，俨然绅士，但由于举止轻浮、言谈粗鲁，仍然给人留下了十分不好的印象。而另一些温文尔雅、彬彬有礼的男士，尽管其仪表稍差一些，但由于说话礼貌、举止得体，仍能给人留下好的印象。那些阅历丰富，独具慧眼的人往往更习惯于依据一个人的举止，尤其是一些细微的举止来判断人，因为人的仪表可以通过别具匠心的包装而在一夜之间彻底改观，而人的举止则需要长期的培养与累积才能形成。因此，为了自己成功的交际，我们要时刻注意见面说话要"礼"先行。

首先，开口说话太俗应为一忌。如对长者不喊"大爷"，"大妈"，"先生"，而是叫"老头"，"老太婆"之类的俗称，对幼者不是用

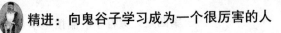

"小朋友"，"小同学"之类称呼，而是用"小把戏"，"小东西"，"小家伙"，这样的俗称有时用在家庭或朋友间倒也未尝不可，但与人接触之初就不行了。

其次，开口说话太粗应为二忌。鲁迅先生在半个多世纪之前写过一篇杂文，名之为《论"他妈的！"》，批评中国的不少人，就连父与子，幼与长都用"他妈的"，对此，鲁迅感慨万千地称之为"国骂"，他说："其实，好的中国人之中，并不随口骂人的多得很，不应该将上海流氓的行为加在他们身上。"我们一定要把讲粗话这种"流氓恶习"彻底铲去，如同古人所说的那样："刻薄语，秽污语，市井气，切戒之。"与人见面时，说话还要讲究话语的和气。心平气和地同别人说话，要以理服人，不要用权势去压服人，更不要恶语伤人。双层巴士(公共汽车)车身入口写有"超载属违例，乘客请合作。"银行营业大厅内墙上写有"废纸杂物请投入箱内，多谢合作。"公共厕所内墙上写着"地面较滑，敬请小心"等。

与人见面时，说话还要做到话语谦逊，要养成对人用尊敬话语，对己用谦辞的语言习惯，一般应称呼对方为"您"，"同志"，"先生"，不要动不动就喊"喂！"要多用商量和祈求的语气，少用或不用命令的语气，客人来了应热情招待说："您请坐！"送客时说一声："欢迎您再来！"感到室内闷了，可以问一声"打开窗户好吗？"这种谦逊的口气，让人乐于接受。

跟鬼谷子学绝学：跟别人说话，首先要有礼貌，其次要讲道理，只有这样，别人才会听我们讲话的内容，只有这样，我们跟别人才能更好地沟通；只有这样，下一步的目标才能更好地实现！

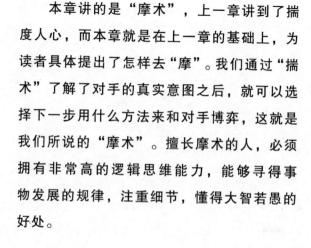

本章讲的是"摩术"，上一章讲到了揣度人心，而本章就是在上一章的基础上，为读者具体提出了怎样去"摩"。我们通过"揣术"了解了对手的真实意图之后，就可以选择下一步用什么方法来和对手博弈，这就是我们所说的"摩术"。擅长摩术的人，必须拥有非常高的逻辑思维能力，能够寻得事物发展的规律，注重细节，懂得大智若愚的好处。

第五章

鬼谷子的摩意绝学

低调为人，糊涂处世

【鬼谷子语录】

摩者，揣之术也。内符者，揣之主也。用之有道，其道必隐。微摩之以其索欲，测而探之，内符必应；其索应也，必有为之。故微而去之，是谓塞窔匿端，隐貌逃情，而人不知，故能成其事而无患。

【语录精解】

摩是揣摩内心情感的一种权术。内心情感与其外在表现，是揣情之术的主体。运用摩术有一定的法则，而且这一法则是在隐秘中进行。当初步揣摩时，必须有一定的目的，然后进行侦察刺探，其内部必然暗合呼应。内外既然相呼应，就会在行动上有所表现。所以稍加排除，就是所说的堵塞地窖、隐匿头绪、隐蔽实情，他人就无从知晓。这样，事业得以成功而又不会留下后患。

大凡历史上的名人能人，英雄豪杰，都常常是身怀绝技，但他们也都知道，"山外有山，天外有天，能人背后有能人"的道理，所以要想赢得胜利，后发制人，都是深藏不露，大智若愚，大巧若拙，不轻易地暴露和表现自己的才能。

真正聪明的人，不会自以为是，他们为人处世以谦虚好学为荣。

张扬从来都是他们的禁忌，而低调才是他们坚守的做人原则。他们常以自己的无知或不如人而惭愧，能够得到更多的学习机会。向别人求教，丰富和完善自我是他们的目的。

1853 年，太平军连克数城，如狂风般进攻湖北。是年年底，太平军进攻到了安徽庐州（现安徽合肥市）。次年春，黄州的清兵大营被士气高昂的太平军攻破。清军面对太平军的进攻节节败退、毫无战果，咸丰皇帝坐立难安。每当听到一个城池被攻破，他的心病都会加重一分。他不愿清朝的基业毁在自己手中，又没有其他办法，只有下旨让曾国藩率湘军前去支援。

在这不到半年的时间内，安徽、湖北纷纷告急，曾国藩接二连三地得到了出兵救援的诏令。但曾国藩拒不出兵，只是上奏解围之法，惹怒了咸丰皇帝。咸丰皇帝大笔一挥，一纸朱批发给曾国藩："朕知汝尚能激发天良，故特命汝赴援，以济燃眉……试问汝之才力能乎否乎？平时漫自矜诩，以为无出己之右者……言既出汝口，必须尽如所言，办与朕看！"很显然，当时的曾国藩有着很大的压力。然而，咸丰皇帝的激将法在曾国藩的身上没有起到丝毫作用。

曾国藩并非有意惹得"龙颜大怒"，不接旨出兵是因为他理性地分析了当前形势。太平军与以往的农民军有着很大的区别，他们经过了严格的训练，有着很强的战斗力，如果没有一支实力颇为雄厚的军队，是很难与之对抗的。曾国藩的军队虽小有规模，但在战斗力和士气方面仍无法与太平军相比。他认为如果要战胜太平军，不但要加强军队训练，更要考虑到"长江千里，战船实为急务"，他在书信中也向朋友提到过"剑戟不利不可以断割，毛羽不丰不可以高飞"。为此，曾国藩下定决心，在提高军队素质的同时，组建水军和炮队。在海上工事方面，曾国藩花了大量财力和物力，力求精益求精。造船的木头质地要好，船要造得大而坚固，做工还得精细，洋炮虽价格不菲，但杀伤力强，质量好，炮队必须要用洋炮来装备。曾国藩明白，如果军队素质和装备没有达到要求，绝对不宜出兵。

但曾国藩从大局考虑的同时，心中也难免有些悲伤和内疚。

吴文镕是曾国藩的老师，任湖广总督，在清政府中地位显赫。他对曾国藩的仕途影响很大，每当曾国藩遇到处理不好的事情时，吴文镕总能够给他帮助，为他说情。由此可见，二人的关系非比寻常。

太平军打到湖北后，湖北向清政府告急，曾国藩很快接到了出兵支援湖北的圣旨，不久恩师吴文镕亲自向他求救。

曾国藩忍住内心痛苦，回信告诉吴文镕自己的难处，讲明其中道理。身为湖广总督的吴文镕自然知道轻重缓急，他没有以老师的资格去逼迫曾国藩前来支援，而是在信中告诉曾国藩，要他不要因师生情分而贸然出兵，自己的身家性命没有国家大局重要，等到有把握的时候方可迎战。他希望曾国藩能够稳重，切忌焦躁。曾国藩听了老师的话，按兵不动，吴文镕战死。

江忠源是曾国藩的挚友，他遇到危难时，曾国藩也未去营救。

江忠源，湖南人士。道光年间，他与曾国藩相识。那时的江忠源仅是一位没有名气的举人，曾国藩却官居二品。然而曾国藩没有嫌弃他，反而与他交好。

1847年，江忠源曾招募了一些乡里的勇士，与青莲教起义军拼杀，稳定了社会治安。江忠源因此被授职为知县。

1851年，江忠源之父去世，他回家守孝。守孝期间，太平军揭竿而起。江忠源走出家门，带着乡勇南下，在桂林等地镇压太平军。

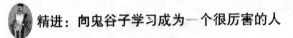

在蓑衣渡，江忠源等人将太平天国南王冯云山杀死，因功于 1853 年升为二品官，接着又去安徽接任巡抚之位。此时的江忠源已今非昔比，他的官位已超出曾国藩。

就在江忠源升任安徽巡抚的这年年底，太平军的步伐并没有被清军阻挡住，他们很快打到了安徽。江忠源殊死搏斗，在庐州被围，急切需要支援。然而，曾国藩迟迟不出兵，江忠源没有盼到援军，最终战死疆场。

曾国藩的老师吴文镕可以说是他的一根重要的政治支柱，如果吴文镕健在，凭着二人的密切关系，曾国藩的仕途路无疑会平坦许多，江忠源则是一位有大将风度的人物，如果他不战死，作为书生的曾国藩就不用领兵打仗，只需好好经营部队，训练出精兵，交给江忠源即可，凭着江忠源的才能，定能够将太平天国运动镇压下去。

吴文镕和江忠源的死，对曾国藩来说，是很大的损失。站在他的角度上来看，他当然希望此二人能够保住性命，以便辅佐自己。可是，曾国藩心有余而力不足。他虽然掌握着一支军队，但军队的实力让他担忧。如果自己抛弃一切誓死去救二人结果又会如何？不仅救不了师友，还会损兵折将，苦心经营的军队变得伤痕累累。再加上曾国藩认为只有湘军是清政府最后的依靠，如果湘军也被消灭，他的抱负将如何实现？他的雄心壮志岂不是一纸空谈！

我国古代先贤很讲究"忍让""克制"的美德。孔子说："小不忍，则乱大谋。"荀子说："志忍私，然后能公；行忍性情，然后能修。"苏东坡也说过："匹夫见辱，拔剑而起，挺身而斗，此不足为勇也。天下有大勇者，卒然临之而不惊，无故加之而不怒，此其所以兵持者甚大，而其志甚远也。"可见，一个人遇事沉着、冷静、忍让，这不但是一种美好的品德，而且也是通往成功之路的重要素质。

跟鬼谷子学绝学：古语有云：君子藏器于身，伺机而动。就是这个道理，在机会还没到来的时候，就慢慢积蓄力量，学会忍耐，糊涂处世，待时机成熟，就是自己大显身手的时候。

想钓大鱼，先做好饵

【鬼谷子语录】

摩之在此，符之在彼，从而用之，事无不可。古之善摩者，如操钩而临深渊，饵而投之，必得鱼焉。故曰：主事日成，而人不知；主兵日胜，而人不畏也。

【语录精解】

隐秘的揣情之术在此处运用，而显著的表现却应在彼处，两相呼应，就没有什么事情不可以成功了。古代那些善于揣情摩意的人，就像在深泽大湖垂钓的老翁，投饵藏钩，必能钓到大鱼。所以说，掌握了摩意术，主持国家政治、经济大事，日渐成功，但人们还不知不觉；主持国家军事大事，很快就要胜利了，敌人还蒙在鼓里，不知畏惧。

想成大业，干大事，就得忍住那些小欲望，或一时一事的干扰。说白了，就是"放长线钓大鱼"。

我们知道：经商可分短线投资和长线投资。当然，最大利润的回报源于后者！李嘉诚非常注重自己的投资策略，提出了在必要时刻"舍短取长"的观点，其最大的特点是：宁要大商人式的长线投资不要小商人的短线投资。这倒不是因为李嘉诚看不起小商人，而是因为他摸透投资回报的利润法则——"最大的财富一定是时间最久的投资"。因此他主张"放长线钓大鱼"式的经营战术。

奥地利 Orange 电讯公司（以下简称为"橙"）是和黄最为成功的投资典范之一。10 年前，和黄注资 5 亿美元收购"橙"发展电讯事业，眼下"橙"已位居英国第三大电讯公司，同时为以色列、中国香港及澳大利亚提供电讯服务。现今，和黄通过出售部分电讯公司的股权取回全部投资成本，故此次的千亿港元交易全为投资利润。

有关收购消息传出后，长实系股价闻风而动。和黄收市报港币 76.5 元，升幅总达 9%，连带其控股公司长江实业也获益匪浅，股价自 3 日前的 58 元升至今日收市的 67.5 元，飙升达 1 成以上。

和黄本是一家老牌英资企业，20 世纪 80 年代初被李嘉诚的长江实业收购，组成长和系。在素有"超人"之称的李嘉诚领导之下，和黄致力业务多元化及国际化，迄今已发展成为一个包括港口、电讯、地产、零售及制造、能源及基建五大核心业务在内的综合型跨国企业。

亚洲金融危机之后，和黄奉行"继续扎根香港，但同时也不排除在海外寻求投资机会"的经营策略，企业国际化进程加快。

1989 年，和黄通过收购一家英国电讯公司，涉足英国电讯市场，但却出师不利，长期处于亏损状态。当时和黄在英国推出的 CT2 电讯服务，名为 RABBIT（兔子），由于只能打出，不能打入，较同期其他技术逊色，因此不能吸引更多的客户，其产品模拟式电话价格迅速下跌，"兔子"只好宣布死亡，和黄也身受重伤，为此撤账 14.2 亿港元。

其后，和黄又于 1994 年投资 84 亿元成立"橙"，推出个人通讯网络。起初也不被业界看好，唯恐是 CT2 的翻版，不料后来却渐渐被

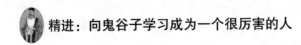

消费者接受，手提电话的销售不俗。1996 年 4 月，"橙"在英国上市，随即成为金融时报指数 100 的成分股，打破最短日期成为成分股的纪录，同时也为和黄带来 41 亿港元的特殊盈利，并已收回全部投资。该股份至今虽未有盈利，但股价却比上市时提高了 6 成多，其市值也由当时的 200 多亿港元增至 2000 多亿港元。到 1997 年，"橙"的英国客户突破了 100 万，成为英国第三大流动电话商。1998 年 2 月，和黄出售 4.3% 的"橙"股份，套现 53 亿港元；加上今次并购交易所得的 220 亿港元现金、220 亿港元票据，以及 650 亿港元的德国电讯公司股票，估计和黄在这棵"橙"树上的回报已超过 10 倍。

卖"橙"的成功，是和黄历史上最重要的一项交易，引起海内外市场的轰动，也引来无数人的羡慕，大家都想知道和黄集团主席李嘉诚经商的秘诀。在卖"橙"的记者会上，李嘉诚讲的一句话或许能给人以启示。他说：电讯业务是未来集团的发展重点，他已知道 5 年后和黄要做什么。同时，李嘉诚之子、和黄集团副主席李泽钜也谈到，做生意的时间规限是五年、十年，不是一年、两年，长实（长江实业有限公司）有些项目也是七年才有收成。可以说，着眼于未来、善于把握趋势是和黄成功的主要原因之一。

和黄集团从事电讯业已有十多年的历史，并非都是一帆风顺，也经历了不少曲折和艰难。在投资英国电讯市场初期，由于长期处于亏损状态，受到海内外证券业的不断批评，甚至有人认为和黄在英国的这项业务到 20 世纪末都不会有收获。即使是经营"橙"，也是历经数年奋斗才有今天的结果。但是李嘉诚凭着对未来趋势的正确分析与把握，坚持不放弃。在市场普遍对该项业务不看好的时候，他曾经亲自出面澄清市场上的传言，表示将继续支持在英国的电讯业务。果然只用了几年时间，和黄集团便从"橙"身上取得惊人的回报。

这种放眼未来的作风，使李嘉诚的事业在竞争激烈的商场上屡次取得引人注目的成功。

20 世纪 60 年代靠经营塑胶花起家的他，在此行业仍如日中天时，毅然出售其业务，改为投资地产业，奠定了他成为巨富的基础。到了 90 年代中期，李嘉诚又是香港大地产商中最早认识到地产业暴利时代已经过去的人，他在不停地出售手上即将落成的住宅物业的同时，积极向海外电讯业发展。除投资英国外，和黄集团还向美国等国家的电讯市场进军。如 1997 年，和黄斥资 24 亿多港元，入股美国电讯公司 WWC；1999 年，和黄又宣布分拆以色列电讯在英美上市。

在完成出售"橙"交易以后，和黄集团持有德国最大电讯公司曼内斯曼 10.2% 的股权，是当时欧洲最大的流动电话商，其在欧洲的电讯业务将通过该公司发展及经营。在有记者问到出售"橙"之后，和黄集团的环球电讯业务长期发展策略是否有变化时，李嘉诚说，该集团仍会继续进行有关投资，并对其他国家电讯业务感到兴趣。他并且表示，长实集团和和黄集团一定会参与高科技，而且可能与香港盈科数码动力合作。其中和黄正寻求发展电子商务，并可能于短期内将之分拆上市。此外，和黄集团的五大核心业务（基建、电讯、地产、进口及零售）表现良好，未来将会继续发展。

同时，这一场欧洲电讯界的收购战，令李嘉诚长和系的股票价值大幅飙升，李嘉诚的财富激增至 687 亿元。短短 1 个月，和记黄埔股价已升逾三成六。

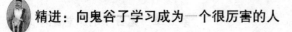

跟鬼谷子学绝学：幸运成就不了常胜将军，真正的胜者是会做长线投资的。只看重眼前利益，热衷于短期投资的人永远只能做个朝不保夕的投机者。做任何事情都是这样，切忌急功近利，不然最终会一事无成。

想做大事，先做小事

【鬼谷子语录】

圣人谋之于阴，故曰神；成之于阳，故曰明，所谓主事日成者，积德也，而民安之，不知其所以利；积善也，而民道之，不知其所以然；而天下比之神明也。主兵日胜者，常战于不争不费，而民不知所以服，不知所以畏，而天下比之神明。

【语录精解】

圣智之人都是在暗中运筹谋划，所以称作"神"；而立功于世上，被人所知，所以叫作"明"。所谓主持政治、经济大事一天比一天取得成效，就是积累德政，让人民安于德政环境中，日以为常而不知为什么获取了利益和好处；所谓主持军事大事很快就取得胜利，就是积累善行，人民自然跟从，却并不知道长久处在这种和平安定环境中的原因。因此，天下人才把这样的圣智之士称作"神明"。所谓主持军事大事很快就取得胜利，是说经常把战争消灭在萌芽状态，使国家不用花费资财，使人民不知不觉地顺服、不知不觉地畏惧，还不知道为什么顺服、为什么畏惧，因此，天下人就把使用摩意术的圣智之士称作"神明"。

古今胸怀宽广、怀抱大志的人很多，然而真正建功立业、传世不朽的人却少之又少，这固然与天赋、时机有关，同时也与他们的办事方法密不可分。一些人有了远大志向，却缺乏脚踏实地的精神，认为自己志在天下，不愿去理会琐事，如果这样，只能流于空想。

凡事并非一蹴而就，都要经过不断积累、由小而大的过程。如果只向大处看，而不从小事着手，就犯了"一屋不扫何以扫天下"的毛病。儒家的成功学为每个人设计了由修身而齐家，由齐家而治国，进而平定整个天下的道路，这是一条由小处开始向远大目标前进的道路。曾国藩正是沿着这样一条道路成就大事的。

曾国藩的成功之路始于修身。考中进士后，便师从唐鉴，专治程朱理学。唐鉴教导他说，要精通理学，先应专治一部经典，从识字明义开始，一字通则一句通，一经通则其他诸经可以旁及。积少成多，逐渐长进。倭仁也是当时的理学大家，曾国藩向他学习检身功夫。倭仁的功夫就是从小处开始，每天从早起到入睡，一举一动，坐卧饮食，都严格要求，并且记下札记，以备反省。这一点对曾国藩影响极大。从道光二十二年（1842年）十一月三日起，曾国藩开始写日记，时时反躬自省。第二年一月七日，曾国藩为自己订立了一个课程表，表示"从此立课程，新换为人，毋为禽兽"。这个课程共分为：敬、静坐、早起、读书、读史、谨言、养气、保身、日知所亡、作字等十几个栏目，对自己的生活进行全面规划，严格规范。为此，他还特地印制了一批日记本，按上述十几个方面分成栏目，随时填写。在湘乡所留存的曾国藩材料中，还有这些课程日记的残本。当亲眼看到这些细致、严谨的日记时，才认识到，曾国藩的成功绝非幸致，如果没有这一点一滴的努力，又怎么可能成功呢？

后来曾国藩根据自己的办事经验，总结出"天下事当于大处着眼，小处下手"这句名言。咸丰九年（1859年）十月，他在给一位朋友的信中说：

> "近年军中阅历有年，益知天下事当于大处着眼，小处下手。陆氏（陆九渊）但称先立乎其大者，若不辅以朱子（朱熹）铢积寸累功夫，则下梢全无把握。故国藩治军，摒去一切高深神奇之说，专就粗浅纤细处致力，虽坐是不克大有功效，然为钝拙计，则犹守约之方也。"

实际上，曾国藩凡事都从全局、大处考虑，但小处的具体步骤又有条不紊，极有章法。他一生坚持早起，每日必读数页书，坚持亲自写家书、批文稿，以勤俭自戒，从不敢违背。正是在这些小事上能认真对待，才保证了宏大目标的实现。

在用兵治军上，曾国藩也是从小事抓起。咸丰八年（1858年），他教导刚刚从军不久的弟弟曾国荃说："治军总须脚踏实地，克勤小物，乃可日起而有功。"所谓脚踏实地、克勤小物，正是说从小处、实处做起。曾国藩治军，不仅一切营制、规则、将领选拔任用都亲自决定，就是训练他也亲自抓起。他经常亲临训练场，指挥训练，做湘军的思想工作。当时湘军的《爱民歌》《水师得胜歌》等，都是他亲笔起草。

曾国藩对军中细事无不关心，地形勘察，他力嘱将领要亲自进行，不能道听途说。对武器军械，他更是关心备至，对规格都做了明确规定。如规定矛杆用的竹子必须是"老而坚者"，桐木必须是"小树圆身，大树锯开者不可用"。邹寿璋办事很朴实仔细，曾国藩委派他专门负责军械，但他自己也毫不放松，都要亲自检查。有一次见矛杆不合格，立即下令重做。曾国藩还亲自研究炮子的打造，他发现用熟铁

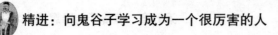

要比生铁好，便改用熟铁，解决了炮子"经药辄散"的问题，并且使射程增加了一里多。

曾国藩这种脚踏实地，从小处、实处着手的做法，保证事情能按计划、有步骤地向既定目标发展，从而积少成多，由易而难，为最后的成功创造了条件。用曾国藩自己的话说，就是"我用一功，脚踏实地，不敢一毫欺人。"

他的这种做法，有人又归纳为"约字诀"。陶怀仲在《析论曾国藩》一文中总结说，曾国藩修身有"静、耐、约"三字诀，"约字使他治经史之学，务实际不求博雅，治军则专从实际处入手"。实际上，这个"约"字就是"实"字，它反映的是做事从浅处、简处入手。曾国藩称之为"守约"。咸丰九年（1859年）十月他对幕僚李榕讲了一番话，就是说明这个道理：凡与诸将语，理不宜深，令不宜烦，愈易愈简愈妙也。不特与诸将语为然，即吾辈治心、治身，理亦不可太多，知亦不可太杂，切身日日用得着的不过一两句，所谓守约也。

跟鬼谷子学绝学：在曾国藩眼里，志向大、不朴实的人有一个共同的特点，他们都"视事太易"，把做一件事看得很容易，不屑去做，而是贪难求大。实际上，这种做法恰恰违背做事的规律。再大的事，也要从小处做起；再难的事，也要从简单处做起，这是亘古不变的道理。然而许多自以为高明的人却偏偏反其道而行之。两者相比较，曾国藩的真正高明处就显现出来了。

借助外力，最终成功

【鬼谷子语录】

其摩者，有以平，有以正；有以喜，有以怒；有以名，有以行；有以廉，有以信；有以利，有以卑。平者，静也。正者，宜也。喜者，悦也。怒者，动也。名者，发也。行者，成也。廉者，洁也。信者，期也。利者，求也。卑者，谄也。故圣人所以独用者，众人皆有之；然无成功者，其用之非也。

【语录精解】

在实施"摩意术"时，根据不同对象采用不同的方法。有用平和态度的，有用正义责难的；有用讨好方式的，有用愤怒激将的；有用名声威吓的，有用行为逼迫的；有用廉洁感化的，有用信义说服的；有用利害诱惑的，有用谦卑套取的。平和就是安静，正义就是刚直，娱乐就是喜悦，愤怒就是激动，名望就是声誉，行为就是实施，廉洁就是清明，利益就是需求，谦卑就是谄媚。所以说圣人善用的"摩意术"，平常人也可以运用。然而，有的人运用未能成功，那是因为他们运用不得法。

无论做何种事业，选择帮手很重要。帮手选得好，事业成功的把握就大，而一旦用人不当，后果常常不堪设想——用错一个人，往往

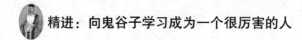

会坏了自己辛辛苦苦打下的整个江山。

"本事越是大的人，越要人照应。皇帝要太监，老爷要跟班，只有叫花子不要人照应。这个比方不大恰当，不过做生意一定要有伙计。胡先生的手面你是知道的，他将来的市面要撑得奇大无比，没有人照应，赤手空拳，天大的本事也无用。"

这番话是"小和尚"陈世龙对阿珠父亲老张说的。老张本来是一个很胆小的老实人，以前因为有和胡雪岩结亲戚的打算，因此接受胡雪岩的建议回湖州来开丝行。后来胡雪岩觉得娶阿珠做"小"不妥，便用计撮合了阿珠和陈世龙的一段姻缘。因为这个原因，老张觉得再受胡雪岩的照应也不妥，便想打退堂鼓，陈世龙为开导老张便说了上面这段话。

陈世龙的话，既是在启发劝解老张，也说出了一个人能够获得成功的最深刻的原因，即要有人帮忙，要有人照应。当然，一个人要立身于社会，不管是在官场、商场，还是在别的什么"场"，都少不了要靠自己的才识、能力。所谓才识，无非就是搜集信息、正确决策的能力，就是能见人所未见、准确判断的能力，就是巧妙运用一切有利因素、制订出合理计划并付诸行动的能力。没有这些，再好的条件也是枉然。但当这些自身条件都具备之后，外界的所谓靠山、人缘，也能给自己带来成功的帮手，就显得尤其重要了，没有人帮助、照应，真正是天大的本事也是枉然。

事业鼎盛时期，胡雪岩的钱庄遍设杭州、宁波、上海、武汉、北京等地，典当行开了二十多家，胡雪岩自身还要兼理丝茧、军火生意，手下分号的用人自然成了头号问题。

比如王有龄自然是很会做官的，除了他自己会做官之外，没有别人的帮助，他也决不会成为后来浙江官场的红人。当初他只是一个落魄文人，没有功名，花钱买了个正八品的盐大使还是候补的，也就是说有没有官职还得有机会，这种机会又是那么渺茫。正当他穷途末路之时，比他小十岁、当时年仅二十的胡雪岩资助了他五百两银子，助他进京买了个候补的七品知县。王有龄得此资助进京，又巧遇外任江苏学政的何桂清。何桂清幼时家贫，曾受到王有龄父亲的照顾，于是向浙江巡抚黄宗汉推荐王有龄。而此时的黄宗汉因逼死布政使（藩司、藩台）椿寿而需何桂清替其掩盖责任，很快就任命王有龄为浙江海运局"坐办"，实际上主持工作。于是王有龄一下子便成了黄宗汉门前的红人。不用说，没有胡雪岩的帮助，没有何桂清的照应，或者黄宗汉根本不买何桂清的账，王有龄大概一生一世也只能以一介落魄书生客死杭州了。

王有龄后来的官运亨通，也是得自于胡雪岩这个帮手。刚一接手海运局坐办的差使，就遇到漕米解运的麻烦。漕运积弊已深，初改海运，事情千头万绪，而且势必触动漕帮利益，漕帮定然不肯将浙江粮食运往出海口，且部门重叠、政令不畅，官僚政客各自盘算自己的得失，海运一事难以很快实现，而朝廷却一再催促南粮北运，以解燃眉之急，加上王有龄刚刚踏进官场，人生地不熟，他所遇到的困难可想而知。也正是在胡雪岩的出谋划策下，打破常规大胆地用就地买粮的办法，在上海附近买粮、就地出海，解决了浙江漕米迟迟运不出去的问题。具体运作也是胡雪岩凭着他的手腕，用金钱开路，用酒肉敲门，用各种办法收买、笼络官吏、漕帮首领、钱庄老板、粮商，在生意场上精于算计，诱之以利，从而使海运一事顺利实现，也使王有龄初战告捷，巩固了他在官场的地位，他也很快升为湖州知府。

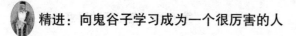

　　不用说，"小和尚"认为胡雪岩本事再大也要有人照应，自然也是事实。实际上，在胡雪岩走向"红顶商人"辉煌顶点的过程中，如果没有像王有龄、左宗棠、古应春、尤五、郁四、刘庆生乃至如张胖子、刘不才、"小和尚"这些人的帮忙、照应，他确实是"天大的本事也无用"。

　　"本事越大的人，越要人照应。"这其实是一个很简单浅显的道理。越是简单浅显的道理，也越是至理。因此本事越大的人，也越要牢牢记住这个道理。

　　所以，"用人"是一个十分古老的话题，千百年来人们总是在这个问题上走着螺旋式的道路。孟尝君能用"鸡鸣狗盗"之徒，逃生秦国，躲过杀身之祸；楚怀王不能用人，听信奸佞之言，终于客死秦国。楚霸王不能用人，虽有万人不敌之勇，但还是酿成乌江自刎的悲剧；刘邦能用人，文有萧何，武有韩信，最后当了高祖皇帝。曹孟德能用人，削平中原；袁绍不能用人，有官渡之惨败。唐太宗能用人，成贞观之治；唐明皇用人不当，造成安史之乱……能不能用人，大则国家兴亡，小则个人成败，是一个十分重要的问题。

　　王有龄靠着运气，得到胡雪岩的资助，进京买个官职。又靠着与江苏学政何桂清的关系，得到浙江巡抚黄宗汉的任用，得了浙江海运局坐办的实缺，真正做起官来。但这个浙江海运局"坐办"的官差，实在难以料理：要把浙江应征的十几万石粮食运出浙江，由于运河交通不畅，官府之间互相推诿设卡，运粮一事难以近期完成。王有龄充分任用足智多谋的胡雪岩，靠着胡雪岩的大胆策划、周密部署、多方打点奔走，由海运局出面担保，钱庄垫钱、漕帮卖粮以充漕粮的计划得以顺利实施。这个计划的设想由胡雪岩提出，各个细节由胡雪岩推敲，各个环节也主要由胡雪岩去沟通。事情做得巧妙顺利，各方皆大欢喜。王有龄的成功，没有胡雪岩的鼎力相助，无论如何是得不到的。

跟鬼谷子学绝学：做生意跟同行对手竞争，竞争到最后就是拼人脉。利用自己的人脉来为自己的生意铺路，是最明智的选择。所以说，人脉最重要，做生意就如同下一盘棋，只有全局把握好，最终才能把生意做大、做强。

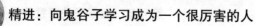

处世之方，谨慎为妙

【鬼谷子语录】

故谋莫难于周密，说莫难于悉听，事莫难于必成；此三者唯圣人然后能任之。故谋必欲周密，必择其所与通者说也，故曰：或结而无隙也。夫事成必合于数，故曰：道、数与时相偶者也。说者听，必合于情；故曰：情合者听。

【语录精解】

因此，谋划策略，最困难的就是周到缜密；进行游说，最困难的就是让对方全部听从自己的说辞；办理事情，最困难的就是一定成功。这三个方面只有圣人才能做到。所以说谋划必须周到缜密，游说要选择与自己观点相通的对象，所以说结交朋友要亲密无间。要想使所主持之事取得成功，必须要合乎天数即自然规律，所以说"天道、术数与天时相配合才可以保证成功"。进行游说的人必须使自己的说辞合于情理，所以说："情意相合才能够被人听从"。

曾国藩在写给弟弟的信中说：

处兹乱世，凡高位、大名，重权三者皆在忧危之中。余已于三月六日入金陵城，寸心惕惕，恒惧罹于大戾。弟来信劝吾总宜遵旨办理，万不可自出主意。余必依弟策而行，尽可放心。祸咎之来，本难预料，然惟不贪财、不巧取、不沽名、不骄盈四者，究可弥缝一二。

曾国藩的护身之道由此可见。

许多人都研究过护身的学问，曾国藩对此则有更深的体会。他早早就涉足官场，对那些结党营私、苟且求生、贪图享乐的庸官俗僚了如指掌。他想做点利国利民的事，但也不想得罪他人，以免惹来闲言碎语。加上清王室乃是满清旗人的王室，对汉人有着强烈的排斥与挤压，使得曾国藩愈加小心翼翼，慎而又慎，深思远虑，唯恐不周。

曾国藩的家乡有个朱知县，与当地乡绅关系甚密，与曾国藩家中也有密切来往。后来当地的财政出现了赤字，一些乡绅担心他会因此而被调离或降职，从而损害自身利益，激愤之时就口出豪言，想倡议全县人民捐钱弥补亏空，从而留住这位父母官。曾国藩的弟弟向他征求意见，询问该不该支持这种行为。

曾国藩认为，发出这样的倡议之词，不过是官绅的小把戏。他们冠冕堂皇地提出来，似乎是为百姓做了件大好事。然而一旦付诸行动的时候，出钱财的事必定分摊到百姓头上。他们出不出钱，出多少钱谁知道呢？但他们却是名利俱收。而且，在征收银两的时候，又必然会有恶官酷吏假公济私、巧取豪夺，敲诈勒索百姓的血汗钱，更可怕的后果是，如果此事一旦实施，那么以后必然一而再，再而三地被官府推用，岂不是把劳苦百姓推入深渊之中了？曾国藩还认为，官职的补缺，官员的调遣，都有定规，偶有例外，也是偶一为之。因此，亏空补平也不能影响到官吏去留，这显然表明事情不过是巧立名目谋取

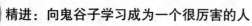
私利而已。曾国藩对此洞若观火。因此，他让家人持旁观态度，静观事变。

曾国藩在数十年的官场生涯中，遇事无不如此深谋远虑，巧妙周旋。

曾国藩说自己近乎"拙愚"，实际上他城府很深，颇有心机。他无论是在位高权重、一呼百应时，还是在举足轻重、一言九鼎时，甚至在他不得志的困难之时，都不与朝中权贵交往。他不愿卷入旋涡中，做无谓的牺牲。但这不等于他与高层尤其是那些在很大程度上掌握生杀大权的人没有密切的联系。事实上，曾国藩在道光朝倚靠穆彰阿，在咸丰朝倚靠肃顺，在同治朝倚靠恭亲王，都形迹显赫。但值得注意的是，穆彰阿、肃顺都不得善终，奕䜣也几经挫折，而曾国藩却官照升、荫照封，宦海浮沉似乎与他无关。尤为叹奇的是，掌政的后继者与前任即使有不共戴天之仇，曾国藩也岿然不动，这就很值得研究。肃顺和穆彰阿是这样，恭亲王与肃顺又是这样，都是"仇人接班"，而曾与穆，肃关系都不一般。我们认为，这是曾国藩运用了"心有灵犀、不露痕迹"之策。姑且以曾国藩与肃顺关系为例。

满族贵族中主张重用湘军集团的文庆，虽在咸丰六年（1856 年）病死，但后继有人，且权势更大。咸丰后期，皇族出身的怡亲王载垣、郑亲王端华及其异母弟肃顺为首的集团已经形成，并且愈来愈得到咸丰帝的信任，得到愈来愈大的权力。三人盘结，"同干大政，而军机处之权渐移，军机大臣拱手听命，伴食而已"。肃顺尤为突出，遇事敢作敢为，又与军机大臣杜翰、兵部尚书陈孚恩、两广总督黄宗汉等人结为死党。同时，又广泛招纳有名望的官吏和名士，"颇搜罗人才，资以延誉树党"。

肃顺这样打击大臣和政敌，大肆结纳党羽，显然是为他长期把持朝政铺平道路。后来他与那拉氏、奕䜣争夺最高权力，正是这一图谋的体现。有这样野心的人，对当时军队，特别是战斗力量强的湘军，自然不会漠不关心。但军队是统治者维护权力的武器，大臣与带兵将帅密切往来，最易招致政敌的攻击，甚至引来不测之大祸。肃顺自然不敢贸然行动，曾国藩、胡林翼也会因避嫌而巧妙为之。

　　事实上，肃顺与湘军集团确有着微妙的联系。在其招纳的众多人员中，不少人与湘军集团有密切关系，甚至本身就是湘军集团中的一员。如尹耕云不仅为曾国藩任礼部侍郎时之属员，且曾对其"极器重之"，同时，尹也为肃顺之属吏，且对之"敬礼有加"。李鸿章儿子说："在京师出文正（曾国藩）门下，深悉先君晶学。"后来肃顺又"素与先君善"。其他如郭嵩焘、王闿运、李榕等人均与曾、胡同为长沙府人，且有交往，郭更与曾为"金石至交"。而肃顺与他们都有密切关系。郭不仅为肃赏识，且与肃党陈孚恩交往甚密，陈向咸丰帝推荐郭"堪充谋士之选"，郭因之被"即日召见，在南书房行走"。王为肃顺之家庭教师，肃对王更"激赏之"，要与王结为"异姓兄弟"。这样破格相待，使王终生感激不已。数十年后，王至北京还去看望肃顺的儿子，并加资助。李与肃关系后来虽破裂，但李为户部下吏时，却"见赏于本部尚书肃顺，部事辄咨之"。此外，曾国藩咸丰二年（1852年）离京，一去14年。他和肃顺两人从年龄、位置等方面都有很大差距，如果不是历史的巨变，他们之间很可能终生都不会打交道。但喜欢捉弄人的历史偏偏让这两个重量级人物在许多重大问题上发生难以分割的关系。咸丰末年，由于肃顺鼎力相荐，清廷开始考虑把镇压太平天国的任务交给曾国藩等湘军首领。但曾国藩以其湖南人特有的机警，对肃顺的重用没有任何表示。至慈禧、奕䜣发动政变，查抄肃顺家产时，发现了许多朝野文武大臣与肃顺交往的信件，但没有发现曾国藩写给肃顺的一字一言，以至于慈禧发出"曾国藩乃忠臣"的赞叹。

政变18天后，奕䜣请两宫皇太后正式委任两江总督曾国藩节制江南四省军务。将江南军务委之于曾国藩，这是咸丰十年（1860年）就决定了的事。现在奕䜣明确委江南四省军务于曾国藩，是要表示新政权对于曾氏的信任，比之肃顺时代将有过之而无不及。人称肃顺推重"湘贤"，此事不假。但肃顺当政时，同时也设江南、江北大营以与湘军分功。而奕䜣当政后，不再重建江南、江北大营，令曾国藩节制四省军务，这说明他已经彻底放弃了对正规的八旗、绿营军的幻想，决心发掘汉族地主武装中蕴藏着的巨大潜力。

奕䜣认识到太平军问题的严重性，所以令曾国藩节制江南四省军务。在那里，太平军占据着江北重镇庐州，并与捻军张乐行部、苗沛霖部协同作战。在江南，太平军正谋求向财赋之区的苏浙发展，早已占领苏州、常州，并新克名城严州、绍兴、宁波和杭州，上海附近的吴淞口和松江等地也警报频传。因此，尽管在咸丰帝大丧期间，湘军占领了长江中游的安庆，但形势仍不能掉以轻心，前敌各军必须统筹兼顾，改变以往不相统属、互不救援的积习。召令曾国藩制四省军务，就是授他指挥大权。

同治初年的另一重要变化是，朝廷放手让湘军将帅出任地方长官的同时，给曾国藩等人极大的军事处置权。过去将帅有所行动要连日奏报，听从朝旨。同治元年正月十二日（1862年2月10日），奕䜣向前敌将帅表达两宫皇太后及皇帝的关注，寄谕说，两宫皇太后"日与议政王军机大臣筹商军务，每当该大臣等奏报时，详加披览，一切规划，辄深嘉许，言听计从"，要求各将帅要及时将有裨军务的"胜算老谋"奏报朝廷。以此表示新政权密切关注着前方战场的动向，并给将帅们以必要的信赖感。

但是这期间，曾国藩却连篇累牍地请求收回节制四省军务的成命，说"权位太重，恐开争权竞势之风，并防他日外重内轻之渐。"曾国藩是理学家，又熟谙清代掌故，他知道朝廷对汉族官员一直是有所限制的，以往汉官虽可任巡抚，可任总督，但身兼四省军务者还没有过。

"权重足以致祸"，他对此不但深刻理解，而且有过切肤之痛，有顾虑是理所当然的。但奕䜣清楚，政变后他们还是要依靠汉臣以及汉族地主武装，实行的是没有肃顺的肃顺政策。这个政策的底数应该交给曾国藩，对他表示朝廷破例倚重的意思，使其感恩图报。奕䜣特地请两宫皇太后钤发上谕慰勉说："若非曾国藩之惆忱真挚，亦岂能轻假事权？""望以军务为重，力图征剿，以拯民于水火"，不许曾国藩再辞。

曾国藩这才"勉强"接受了四省兵权，但同时赶紧表示，今后要更加努力尽忠报国，每隔十日以奏折汇报一次，以免"朝廷谨念"，"诚惶诚恐"之态溢于言表。

其实清廷对汉臣态度的变化早已随满清政权危机的加深而发生了。咸丰十年（1860年）闰二月，咸丰帝任命刘长佑为广西巡抚，正是这一转变的先兆。三四月间，当江南大营彻底崩溃，苏南正在瓦解的消息传到北京时，人们感到问题十分严重，议论纷纷。四月，即宣布任命曾国藩署理两江总督。曾为湘军创建者，也是咸丰帝最不信任的人，曾国藩能否出任督抚，兼掌军政两权，就成了湘军与满族贵族的关系能否进入新阶段的关键。肃顺乘时进言破关，其他人就不难继曾而出任督抚。这就是说，满族贵族终于抛弃旧的方针，而采用新的方针，即由使用、限制，改为全面依靠。事实也证明了这一转变。六月，不仅实授曾国藩为两江总督，且加以钦差大臣头衔。此后对曾国藩的下属又多有任命。这显然是向曾国藩伸出了示好之手，他所给予湘军集团的实权利益也是前所未有的。尽管曾国藩对此早已垂涎而求之不得，但却始终不动声色，只是心照不宣地依靠名士、朋友间接往来。

跟鬼谷子学绝学： 古往今来，世事复杂多变，险象环生，危机四伏，封建社会的宦海官场中，更是难有宁日，如果要保全自己，只能无时无刻不小心谨慎。对任何事情都慎之又慎。否则，极有可能被有野心耍权谋的人拖入旋涡之中，无法自拔。

掌握方向，顺势而为

【鬼谷子语录】

故物归类：抱薪趋火，燥者先燃；平地注水，湿者先濡。此物类相应，于事譬犹是也。此言内符之应外摩也如是，故曰：摩之以其类，焉有不相应者？乃摩之以其欲，焉有不听者？故曰：独行之道。夫几者不晚，成而不拘；久而化成。

【语录精解】

世界上万事万物都归属各自的种类，抱着柴去救火，干燥的部分先烧着；平地上注水，低洼的地方先湿。这些都是与事物的性质相适应的。以此类推，其他事物也是这样的。这就是内符与外摩相适应的道理。所以说："按着事物的不同特性来实行摩意术，哪有不发生反应的呢？"根据被游说者的欲望而施行摩意术，哪有不听从游说的呢？所以说："只有圣人能实行揣摩之术。"大凡通晓机妙的人都会把握好时机，有成绩也不居功，天长日久一定会取得成功。

胡雪岩在经营过程中，非常注重圆的作用。同样，他也十分注意维护别人的面子。他认为，大家的关系是每个人共同合作形成的。一个人的信誉破坏了，对大家都不利。所以他坚持给人台阶、把事做圆

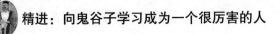

满的原则。

胡雪岩出道之初，就显出这种气度。王有龄用胡雪岩捐助的五百两银子捐官成功后，回到杭州，得知胡雪岩为此丢了饭碗，落魄不堪，他当时就要还上信和钱庄的五百两银子，为胡雪岩洗刷恶名。他弄清了借据的内容，利息算法，立即就在海运局支出六百两银子，要去了了这笔账。他穿上官服，吩咐跟班备轿，让人准备鸣锣喝道，要和胡雪岩一同前往。按他的想法，自然是要以自己的威风，为胡雪岩扬一扬名，顺便也替他出一口恶气。

但胡雪岩却拒绝了。他并没有得理不饶人，而是设身处地地为别人着想。他不去的理由很简单，信和钱庄的"大伙"就是当初将他开除出信和的张胖子。如果此时他和王有龄一同前往，势必让张胖子非常尴尬，大失面子。而如此张扬出去，传扬开来，张胖子在同行、在东家面前的面子也没有了。这是胡雪岩不愿意看到的事情。他不仅不与王有龄同去，而且还叮嘱王有龄捧信的几句，也不要告诉他们他已经见到了胡雪岩。这使王有龄对他的做法不禁赞叹道："此人居心仁厚，至少手段漂亮。换了另一个人，像这样可以扬眉吐气的机会，岂肯轻易放弃？而他居然愿意委屈自己，保全别人的面子，好宽的度量！"

王有龄理解了胡雪岩的用心，单独去还这笔借款时，也做得漂亮。他特意换上便服，也不要鸣锣开道，且将官轿换成一顶小轿到了信和。由于信和当初就将这笔五百两银子的单子当作一笔收不回来的死账，因此他们也没把胡雪岩代王有龄写的借据当一回事，不知随便扔到哪里去了，此时王有龄来还钱，居然找不到凭条。钱庄张胖子将此情况据实相告之后，王有龄不仅没有为难他，而且二话没说，拿出该还的连本带息 550 两银子，只要求对方写个已经还清的笔据，至于原来的借据，以后找到，销毁就是了。

这一出了清旧账的戏确实"演"得漂亮。正像王有龄所想的那样，胡雪岩本来就受了冤枉，且不仅为此丢了面子，而且丢了饭碗以致落魄潦倒到给人打零工维持生计。现在终于可以为自己洗刷恶名了，换上另外一个人，估计真的不会白白放过这次为自己挣回面子，让自己扬眉吐气的机会。但胡雪岩首先想到的，却是如何保全别人的面子，难怪王有龄会打心眼里佩服他："好宽的度量！"

商场上保全别人的面子，也是在保全自己的面子。其实，如果胡雪岩在还钱时真像王有龄起先准备的那样，为了自己的扬眉吐气而使张胖子下不了台，别的不说，他至少不会让王有龄看到他的居心仁厚和"好宽的度量"。更重要的，为别人留一条退路，也是为自己开一条出路，所谓"饶人一条路，伤人一堵墙"，说的就是这个道理。别的不说，这一次为张胖子保全了面子，就使张胖子对胡雪岩不胜佩服，在其后胡雪岩创业过程中，真心实意以自己掌管的钱庄的力量，为胡雪岩解决了不少的难题，比如为海运局垫付漕米款项，比如出面为漕帮做保向"三大"钱庄借款以使漕帮度过难关……

归根结底，胡雪岩不凡的气度及笼络人才的手腕，都归因于他有超过常人的度量。有了这样的度量，才能不结怨仇，反收人心。所以，回顾胡雪岩的成功历程，气量实在是一个不可轻视的因素。

跟鬼谷子学绝学：不管是和人交往，还是做某件事情，都应该明白对方心里想要的是什么，所做的事情朝着一个什么样的方向来发展，只有这样，我们才能在和别人的交往中占据主动权，把事情的发展纳入自己的掌控之中。

鬼谷子精通游说，是先秦纵横家的开山鼻祖。"权"是度量权衡的意思。在本章中，鬼谷子就教我们如何度量权衡别人。和别人交谈，通过对方的谈话可以权衡出对方的实力，也能权衡出对方的性格特点。而这就是我们接下来想占领主动权必须要掌握的东西。这需要我们不但能随机应变，还需要我们有良好的语言沟通能力。

第六章

鬼谷子的参权绝学

❦ 阐明真伪，正确验证 ❦

【鬼谷子语录】

说者，说之也；说之者，资之也。饰言者，假之也；假之者，益损也。应对者，利辞也；利辞者，轻论也。成义者，明之也；明之者，符验也。难言者，却论也；却论者，钓几也。

【语录精解】

游说，就是劝说别人接受自己的主张；说服别人，就要凭借利用别人的感情和想法。修饰言辞，就是要借此增强说服力；增强说服力，就要强化语言力量，弱化心理障碍。应辩对方的疑难，就要用犀利的言辞对付他；犀利的言辞，就是要减少辩论，简洁有力。言论具有义理，就是要让对方明白；让对方明白，就要通过实际的事实效果来检验。指责、诘难的言辞，就是要让对方驳斥自己；在对方驳斥自己的时候，就能够诱导出对方心中的隐秘之事。

冒险就相当于一场博弈，你落哪一个子，敢不敢落下这一个子，都代表着一种勇气，同时也是一种决断。在这种关键时刻，领导者必须要在一瞬间，做出自己的决定。有时候，一笔生意的成败，全看领导者是否能当机立断地拍板定夺。

一件事情的对与错、是与非，不能当机立断是很危险的。你越顾虑越观察，就越拿不定主意。你认为有价值的、对自己有利的，就要快刀斩乱麻地决定下来并付诸行动。认为不符合自己利益的就干脆不干，不要优柔寡断。现在很多商人的成功，其果断决策起了决定性的作用。成功的经验就是：敏锐观察，当机立断，该出手时就出手。

1931年，绰号"川南王"的恶霸地主刘文采派人用假银圆向宝元通购买味精。宝元通的业务员拒收后刘文采恼羞成怒，以"扰乱金融"的罪名将营业主任逮捕入狱，并扬言要杀营业主任的头，关宝元通的门，企图以此置宝元通于死地。

在刘文采的淫威下，果然弄得满城风雨，人心惶惶，大有宝元通即将倒闭之势，再加上一部分股东要求退股，更给人以宝元通危在旦夕的印象。

为了稳住人心，宝元通决定首先退还职工亲友在商店的存款。他们组织了二十挑银担子，每挑装银圆两三千元，大摇大摆挑上大街，挨户登门退款。这一举动在宜宾城引起了轰动，既显示了宝元通临危不乱，注重信誉，同时也告诉人们，宝元通实力雄厚，殷实可靠，是不会轻易就关门倒闭的。因为敢于在关键时刻与大地主叫板，宝元通安然地度过了危机。

商祖白圭为达到理财的目的，对各种市场信息极为重视，同时反应也极快，出手果断。一遇行情变化，立即做出决定，是买进还是卖出，绝不错过任何一次良机，用他的话说就是"趋时若猛兽鸷鸟之发"。

商场如战场，战场上没有常胜将军，商场也很少有百分之百的成功把握。投资的风险可以说是无所不在，这就要求每一个成功的经营者，除了要小心行事之外，还要敢于当机立断，万万不可前怕狼后怕虎。

有一次,胡雪岩的徒弟陈世龙从外面打听到,上海的帮会组织——小刀会将要起事。漕帮的首领尤五也证实了这个消息,这时候胡雪岩就犯难了。如果小刀会的势力扩大,外面的丝就难以运进上海了,果真是这样的话,就应该提前大批囤积、吃进生丝。不过囤积生丝也有风险,一是要占用资金,二是如果小刀会闹不起事,不到半个月就平息了的话,囤积生丝也就不能达到理想的效果。

该何去何从呢? 到了最后关头,也只能根据已有的形势做出预测了,至于这个预测准不准确,情况是不是会朝预测的方向发展,这一切都是个未知数,但是,形势刻不容缓,必须马上做出决断。

胡雪岩前思后想,果断决定大量买进生丝,囤积在租界,准备到时大赚一笔! 就算是高价也要大胆购进。

在胡雪岩的所有生意中,这一次的风险算是特别大。为了这笔生意,他调集了几十万银款,其中大多都是向同业借的。如果生丝囤积了好几月,在利息都搭进去了不少时市场禁令突然放开,丝价必大跌,那么胡雪岩就会亏到姥姥家去了。

果断的决策来自于对事物发展的准确预见,胡雪岩做出这个决断不是头脑发热,而是有着充足的理由:因为小刀会有洋人暗中相助,政府肯定会想方设法治一治洋人。对于政府来说,最好的法子就是禁止和洋人通商。这样一来,不到三个月,洋人就算有钱也买不到生丝,那时生丝的行情就会大涨了。

形势的发展果如胡雪岩所料:两江督抚上书朝廷,要求以禁商之法惩治洋人。朝廷同意了,不出几个月,丝价突然大涨。胡雪岩的这一决断大笔收获了白花花的银子。

一个人,要想赚大钱,必须得像胡雪岩这样有过人的胆识和气魄。

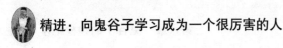

敢做别人不敢去做的事情，更重要的是，要能察人所未察，在人所共知的风险中找出别人所未能看到的机会，只要看准了就当机立断，冒别人所不敢冒的风险。

跟鬼谷子学绝学：机遇，对于所有的人来说都是均等的，机遇又具有很强的时效性。但当机遇临门之时，是否能抓住，关键就取决于是否果断了。如果瞻前顾后、犹豫不决、该出手时不出手，那么，煮熟的鸭子也会飞走，只好眼睁睁地看着银子哗啦啦地从自己身边溜过。

❧ 说话之前，看清情况 ❧

【鬼谷子语录】

佞言者，谄而干忠；谀言者，博而干智；平言者，决而干勇；戚言者，权而干信；静言者，反而干胜。先意承欲者，谄也；繁称文辞者，博也；纵舍不疑者，决也；策选进谋者，权也；他分不足以窒非者，反也。

【语录精解】

花言巧语之人，会因奉迎别人而得到忠诚的美名；说奉承之话的人，显得博学又富于智谋；言语平实的人，透出果敢和勇气；说话充满忧虑的人，会权衡利弊而令人信任；而说话稳健沉着的人，却由于能反抗而胜利。用华美的辞藻来鼓吹欲望者，就是谄媚；言谈像个饱学之士，旁征博引的，就是显示博学；用夸大与吹嘘来进献谋略，博取上司欢心的人，就是揽权者；前后进退而不犹豫者，就是果断的人；自己不对而又指责他人过错的就是反抗者。

说话，看似平淡无奇，实际上却是一门相当高深的学问，要如何把话说得动听、如何把话说到听者心窝里，的确是相当不容易的一件事。有些人天生性急，总是不假思索就脱口而出，往往等到察觉说错话的时候都为时已晚了；有些人则是沉默不语，该说话的时候不说，

163

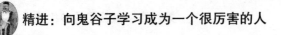

以为"沉默是金"，不懂得适当时机说话的人，也往往会错过许多大好机会。

要想把话说得恰到好处，卡耐基强调最重要的一点就是把握住说话时机，说话之前先看清情况。孔子在《论语·季氏篇》里说："言未及之而言谓之躁，言及之而不言谓之隐，未见颜色而言谓之瞽。"不该说话的时候却说了，叫作急躁，应该说话了却不说，叫作隐瞒，不看对方脸色变化便贸然开口，叫闭着眼睛瞎说。这三种毛病都是没有把握住说话时机。说话是直接的语言交往，从来就不是一个人的事。还要受到周围环境的种种限制。该说话时不说，时过境迁会失去成功的机会。一句话说到点儿上，很快事情就办成了。说话时机有时就在瞬息之间，稍纵即逝，时不待我，失不再来。因此，把握说话时机，比掌握、运用其他说话技巧更难、更重要。

说话的时机是由说话的时境提供的。说话的时境包括自然环境、社会环境、心理环境、语言环境，涉及的范围相当广，可以说，一个人说话是以整个社会生活为背景的。要把握准说话的时机，就不能不对说话时境与说话行为之间的变化规律及特点有一个基本的认识。

说话的时境具有客观性的风格，对说话的主体而言，时境构成的诸种要素都是客观存在的。无论有没有说话行为发生，自然环境和社会环境都是以客观的形式独立，这一点早已为哲学家们所证明。心理环境和语言环境虽然可以在说话过程中随时生成，但一经生成，就是以客观的形式存在的，和社会环境、自然环境一样对说话行为产生制约作用。人的说话行为只能在具体的时境中发生、进行，谁也无法随着自己的主观意志去摆脱它、超越它，说话行为也只有与具体的时境结合并保持统一，才能准确表达自己要说的意思。

中国第一位现代舞拓荒者裕容龄，年轻时随外交官父母迁居巴黎。由于受旧礼俗困囿，一直不敢表达学舞的愿望。一次日本公使夫人来做客，顺便问其母："你家小姐怎不学跳舞呢？我们日本女孩都要学的。"裕母不便拒绝，顺水推舟道："往后让学吧！"裕容龄趁机进言了："好母亲，我今后就学日本舞跳给你看，好吗？"说罢便换上舞装跳起《鹤龟舞》，公使夫人夸赞不已，母亲也只好认可。这里，裕容龄的进言成功，全在于那抓住时机的"机锋"上。

　　许多人有一个共同的毛病，那就是在不必要的场合中把自己所拥有的一切话题在一次机会中全部谈完，等需要他再开口的时候已无话可说了。这种现象，不论是在普通会话还是正式的演说场合中都应该引起我们重视。孔子特别提出要避免"言未及之而言"的急躁。单从主方看急躁说不清楚。把思路向外转，换种思路问"客方能接受什么？"问题就会简化得多。

　　2004年亚洲杯开赛之前，中国队有队员不合时宜地说了大话："不得冠军，还做什么人？"其实，得不了冠军未必不是人，即使得不了冠军，能知道什么叫分寸、什么叫说话的机宜，那也还不错，倒是在没有把握的前提下把大话说得没了回旋的余地，那才错得太离谱了！

　　一个具有高明演说技巧的人，能够很快地发现听众感兴趣的话题，同时能够说得适时适地，恰到好处。换言之，他能把听众想要听的事情，在他们想要听的时间之内，以适当的方式说出来，这是一种无与伦比的才能，这种能够把握优越时机的人，即使是在遭到突变，受到阻碍时，也能转危为安，化险为夷。

　　如果你是一位从事制造方面工作的人，当你训练新员工时，也必须了解何时适合于进行这种职前教育。如果公司在竞争中处于下风，而你还反复不停地议论参加这次竞争的不明智，那真是愚蠢至极的行为。如果你是从事广告业务的，那么你一定要知道什么时机适合做何种商品或服务性的广告。更甚者，如果有一个人家在办丧事，处于无限悲痛之中，你就不能以要求的口吻叫他去干这个，干那个。

跟鬼谷子学绝学：我们在说话之前一定看清当前的情况和自己所处的环境，什么话该说，什么话不该说，这是一门学问。

❧ 细致观察，一击致命 ❧

【鬼谷子语录】

故口者，机关也；所以关闭情意也。耳目者，心之佐助也；所以窥间见奸邪。故曰：参调而应，利道而动。故繁言而不乱，翱翔而不迷，变易而不危者，观要得理。

【语录精解】

所以说，口是人体的一个机关，可以用来宣布和封锁内心的情意。耳朵和眼睛是心灵的辅助者，用它们来窥察奸邪。所以说口、耳、目三者相互协调和呼应，从而使人朝着有利的道路发展。因此，言辞繁复而思绪并不紊乱，自由翱翔而并不迷惑，世事变动而始终不遭危险，关键在于观得了要领，把握了规律。

成功的人都有自己的"大手笔"，他们靠"大手笔"指点江山，把该集的资金集在手中，从而为下一个"大手笔"做好铺垫工作。李嘉诚从股市集资的例子，最精彩的要属1987年那次"百亿大集资"。这是香港历史上规模最大的一次股市集资活动，至今为人们所称道。

1987年3月，香港电灯宣布该集团进行重组，一分为二，原来集团的电力业务仍归香港电灯集团持有，而其余非电力集团业务分拆交给一家新成立的上市公司"嘉宏国际集团有限公司"持有。嘉宏国际将于当年6月独立上市，市值达100亿港元。消息传来，市场轰动。

根据重组协议，嘉宏未来的总发行股数为24.61亿余股，嘉宏将以每10股港灯股份换2股嘉宏股份的方式向和黄购入其持港灯的23.5%股权。而和黄在完成这次分拆建议后共持嘉宏13亿余股，相当于嘉宏53.8%股权。连同其以一股换一股方式获配嘉宏股份，和黄未来将控制嘉宏股权52.9%~53.8%之间。余下嘉宏的46.2%股权则由原来港灯股东（不包括和黄在内）持有。分拆后，和黄将从原来直接控制港灯53.5%股权改变为不再直接控制港灯，而只是通过持嘉宏控制性股权持港灯同等股数。嘉宏则变为港灯集团之最大股东。

这次港灯集团趁股市大旺时机进行分拆，是个扩展业务、增强公司新活力的好办法。一方面给予投资者选择不同业务投资的机会，港灯股东如不愿投资地产风险的便可出售嘉宏的股票，保留或转向港灯的投资；另一方面将业务分拆后各自进行独立经营，组织更为科学，管理更为有效，发展更具弹性。

这样，无论是原来的港灯还是新成立的嘉宏将给股民以新的形象，分拆出的业务更具专业性，便于集资，可注入新资金、新活力，提高集团股票市值，增强社会吸引力。正如该集团主席马世民在记者会上宣布该项建议时指出的，由于电力及非电力业务各自所涉风险不同，将其业务分别由两家上市公司经营，将可使股东按各自需要改变对公用事业及投资业务的投资组合，而分拆后亦令股东更易评估两类业务之优点。他否认这次重组建议跟日前立法局议员许贤发对港灯提出的咨询有关。

较早前当港灯宣布与和黄合资27亿投资加拿大赫斯基石油公司时，曾引起立法局议员许贤发在立法局公共事务小组上质疑。许氏认为港灯不应参与海外有巨大风险的投资计划，以免因一旦投资失败而影响港灯集团的专利发电业务。李嘉诚认为，整个重组建议是由港灯主动提出，不久前通知政府并取得支持，因此这次港灯分拆绝非受政府压力所致。他还说："分拆以后，港灯的业务盈利将受到利润管制计划所保障，而拥有非电力业务的嘉宏国际在将来之盈利潜力得以无尽发挥，可收一举两得之效。"

7月，李嘉诚赴英国伦敦参加"奥斯特利中国节"纪念活动。他在回答记者关于是否和黄有意向英国斥巨资的提问时表示："除了香港之外，若我们见到别的国家有好的投资机会，只要能够赚到合理利润，对公司前景好，我们都会考虑。"

有人问他"此行来英是否就是为了寻求投资的好机会"，李嘉诚坦然说："是，根本就是。我们正在对一些投资项目进行接洽。但我一向认为我们的根基在香港。例如，去年我们对加拿大赫斯基石油公司的投资，到今天，几乎99%的人，都可以说该项投资是成功的，可见这是很简单的一回事。"

9月14日，李嘉诚在记者招待会上宣布其控制下四家公司（长实及其名下三家公司和黄、嘉宏、港灯）集资100亿港元，其中29亿用于收购英国大东电报局4.9%的股权。这是香港有史以来最庞大的集资行动，对市场影响极大，引起全港轰动。李嘉诚亲自向各记者及证券界解释这次供股计划，回答记者提出的问题，谈笑风生，妙语连珠，不时爆发出一阵阵笑声。

李氏起先一律以粤语作答，然后才由公关作即时翻译。当谈到"100亿"时，翻译因数目过于庞大，以为听错而犹豫了一下，李嘉诚迫不及待地用英文讲出，反映其得意的心情，对事业充满信心。

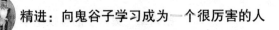

这次庞大的集资计划，长实承担金额约为一半，余下由包销商及股东负责。其办法是按当日市价二成折让，具体分配是：长实以十供一，每股供价 10.4 元的形式集资 20.78 亿元；和黄以八供一，每股供价 11.2 元的形式集资 37.53 亿元；嘉宏以五供一，每股供价 4.3 元的形式集资 27.78 亿元；港灯以五供一，每股供价 8 元的形式集资 24.18 亿元。四家公司的集资总额达 103.27 亿元。这次供股计划的特点，采用"连锁包销"形式，即大股东或控股公司除了按所持股权接纳供股外，还会再包销一部分新股，使得它们承担了其中一半的包销责任。

至于其余一半的新股，则由万国宝通国际、获多利、新鸿基、加拿大伯东融资及百利达亚洲负责包销。如所有股东接纳供股，长实系公司在市场所吸纳之资金为 65.06 亿元，但当时市况逆转，长实系除需按所持股权承担本身供股责任外，再需履行其包销承诺金额，约为 14 亿元，其他包销商所负担的供股金额为 51.06 亿元。

这个数字对于香港这五家包销商来说，理应不会构成什么困难。但由于适逢全球性股市大灾难，香港股市由牛转熊，每家公司所拟定的供股价都较市价高达三成以上，出现了大幅度不足额认购，四家公司接获股东认购只占总股数 0.1% ~0.4%，接近五成的股份均由五大包销商承担，供股总值达 50 余亿元。

值此市况不景气之时，各信托基金的经营已十分艰苦，若要它们承担太多的供股额，只会迫使它们按其股份抛售套现，对市场所构成的压力不可谓不大。因此，许多人认为长实系应该取消供股计划，以缓和甚至消除市场压力。为此，获多利曾与多家金融机构游说李嘉诚放弃集资计划，但没有成功。这是可以理解的。只要站在长实系的立场上，取消供股计划是不可能的事。因为无论是长实、和黄、嘉宏还是港灯，这四大公司都是香港举足轻重的财团，向来信誉卓著。一旦将集资计划取消，将会予人以话柄，认为长实系终于要受到市况逆转的冲击而低头。

再说，李嘉诚在公布供股计划前已对未来的发展大计做了部署，如果集资计划失败，数项大的发展计划将会胎死腹中，对于一向具有进取心的长实系集团来说，这并非是其所愿见的。

另外，该包销商都是香港鼎鼎有名的大银行和财务公司，宁愿艰苦地挨过这次难关，也不愿意贸然得罪长期与之密切合作的老主顾——长实系集团。况且，除了公司与包销商签有协约之外，四大公司彼此之间也做了不可撤销的承诺，承购其所控公司供股权的50%。五大包销商又与一百多个分包销商签订合同，彼此都有明文规定的条款所制约，造成取消集资难乎其难矣。

李嘉诚的特点是说到做到，一承诺就兑现。他在回答记者关于"这次股市大跌、（百亿）集资计划是否会有改变或暂时取消"的提问时指出："这次集资，其中50%是由我认购包销的，其余包销商的正式合同尚未签署，如果要暂时取消在法律上是可以的。但我不想给人批评为不守信用，因为股价跌落就取消包销，以避免损失，所以我个人承担的责任一定照数兑现……我希望维持长实系的合理股价，老实说，原因之一，也是在巩固长实系各公司的信誉。"

事实上，李嘉诚本人按协议规定包销长实一半的新股，共99888920股，现金10.3851亿元。仅是包销长实新股数，李嘉诚的账面损失达3.5亿元。他负责包销有关股票，也不收取分文包销佣金。

结果在李嘉诚的努力下，长实系四家公司百亿计划大功告成。除长实系的大股东或控股公司承担其供股责任的一半50亿元外，其余

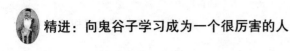

的由上述五家包销商及数百个分包销商承担。由于这次集资行动大大巩固了这些公司的财政基础，从而保证了李氏家族在香港十大财团中仍然处于遥遥领先的地位。

1987 年度长江实业除税后之综合纯利为港币 15.89 亿元，较之 1986 年的 12.829 亿增加了 23%。因此，李嘉诚在 1988 年元旦聚餐会上自豪地说："在过去两个月来，香港的经济和金融市场，经历了一次有史以来最大的波动，但我们公司和联营公司，整个集团都做得很好，以智慧和辛勤争取得来的业绩，比去年更为有利，更为稳定。1987 年的纯利，有一个良好的数字，而集团的一切，前途都是非常美好的。"

跟鬼谷子学绝学：任何事情都要有一定的付出作为代价，自己的付出和收入成正比。一个商人，如果在商海中没有自己的灼见，没有敏锐的判断力，没有果断的执行力，唯唯诺诺，瞻前顾后，终究是不可能成功的。

低调做事，谨慎发言

【鬼谷子语录】

故无目者不可示以五色，无耳者不可告也五音。故不可以往者，无所开之也。不可以来者，无所受之也。物有不通者，圣人故不事也。古人有言曰"口可以食，不可以言"者，有讳忌也。众口铄金，言有曲故也。

【语录精解】

所以，对于没有视力的人，就没必要让他看五彩缤纷的色彩；对于没有听力的人，就没必要让他听各种声音。之所以不能前往游说他，是因为他蒙昧暗滞而不值得开启。不能前去游说他，是因为对方过于浅薄，没有接受的能力。事物不和谐通畅，所以成就不了事情。古人有句话说，"口可以随意地吃东西，却不可以用来乱说话"，这是因为言语是有所顾忌和隐讳的。众口一致的言辞可以把金属熔化，这是因为言语有所偏差和曲解的缘故。

曾国藩年轻时是个多嘴多舌的人。他言语刻薄，因此很容易得罪人。有好几次，他在席上取笑别人，反而遭到别人的讥讽，使他很是尴尬。有一次上朝，他不经意说了几句话，顿时引起同僚的猜忌，虽然他并非有意，但听者有心，使他被孤立，也很狼狈。遭遇过多次这样的情况后，他发誓从戒多言开始，重塑个人形象。

道光二十二年（1842年）十一月七日，他决定从谨言着手，加强修养，并说："除谨言静坐，无下手处。"但时隔一日，好友冯卓怀来，一同到陈源兖家为其母拜寿，吃长寿面。席间曾国藩又犯了多言的毛病。据他自己说："席间一语，使人不能答，知其不能无怨。言之不慎，尤悔丛集，可不戒哉！"事后他愤恨不已，在日记中写道：

"凡往日游戏随和之处，不能遽立崖岸，唯当往还渐稀，相见必敬，渐改征逐之习；平日辩论夸诞之人，不能遽变聋哑，唯当谈话渐低卑，开口必诚，力去狂妄之习。此二习痼弊于吾心已深。（要紧！要紧！）前日云，除谨言静坐，无下手处，今忘之耶？以后戒多言如戒吃烟。如再妄语，明神殛之！并求不弃我者，时时以此相责。"

自从立下这个毒誓后，曾国藩多言的毛病确实改掉了。他对慎言语的重视，影响到了他的整个生活。

多言有许多害处：

其一，多言易得罪人，把人际关系搞坏。如果出言之前不仔细考虑别人的想法，随心所欲说出来，必然有意无意会伤及他人。而说出去后，再也无法收回，其害处也就无法避免了。

其二，多言则傲。曾国藩曾说过："古来言凶德致败者约有二端：曰长傲，曰多言。丹朱之不肖，曰傲曰嚚讼，即多言也。"多言实际上是内心狂傲的表示。喜欢说话的人，要么是吹牛皮，要么就是自以为了不起，看不起他人，这才按捺不住冲动，要说出来批评或指导别人。所以保持谦虚状态，应尽可能少言。多思考，少废话，多听别人的看法和意见，时间长了自然虚心。

其三，多言则欺。言语一般是用来表达自己的某些观点、意见的。

倘若自己对这些方面没有研究，就无话可说。如果强不知以为知，只好用大话吓人。曾国藩认为，多言则不诚，也是这个道理。后来他非常讨厌那些说大话、空话的人，正是他自己谨言的结果。

最后，多言则易败。俗语云："言多必失"，"祸从口出"，就是这个道理。《颜氏家训》中说："无多言，多言多败；无多事，多事多患。"对成大事之人来说，严谨是一重要的态度。同治六年（1867年）九月，曾国藩给淮军名将刘铭传的信中说："古来人才，有成有不成，所争每在'疏密'二字。"

"疏"则多言，"密"则守口如瓶。如果多言，透露出去的信息就会很多，一旦被对手察觉，很容易导致失败。历史上这样的例子不胜枚举。

正因为多言有如此多害处，曾国藩才痛下决心将之戒掉。他把谨言看作是"慎"字第一义。曾国华长子曾岳崧，在其父于三河镇战死时，年仅4岁，后在曾国藩抚养下长大。他立志要报仇雪恨，想成就一番事业，报效国家。曾国藩给他写了一封长信，授以他成才成事的途径，其中之一是"敬慎"二字。信中说：

"须从'敬''慎'二字上用功。敬者，内则专静纯一，外则整齐严肃……慎者，凡事不苟，尤以谨言为先。"

可能是曾国藩担心曾岳崧像自己年轻时一样多言好动，所以谆谆告诫，学"慎"字功夫，以谨言为先。曾国藩自己为官谨慎、用兵谨慎，在从军以后才逐渐表现出来。唯有谨言，自他考中进士后几年内就感到其迫切性。由此可证，他所说的"以谨言为先"是有道理的，是他根据切身体会得出的经验之谈。

曾国藩经常告诫兄弟和手下要戒多言。曾国华为人刚烈，说话苟

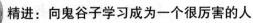

刻。曾国藩特地给他取字为温甫，让他说话温和些，少得罪些人。后来曾国华性情果然大为改观。

曾国华战死，曾国荃成了兄长的左膀右臂。一开始，因不熟悉官场规律，也是多嘴多舌，言语无忌。曾国藩接连数次给他写信，甚至当面加以责备。咸丰十年（1860年）九月，为是否北援解北京之围一事，曾国藩一直以"缓"字应付。曾国荃不明其中道理，说了很多。曾国藩斥责道："弟只管安庆战守事宜，外间之事，不可放言高论，毫无忌惮。"经过几番苛责，曾国荃收敛了很多，曾国藩很高兴，在给两位兄弟的信中说："沅弟以我切责之缄，痛自引咎，惧蹈危机而思自进于谨言谨行之路，能如是，是弟终身载福之道，而吾家之幸也。"

曾国藩对幕僚和部下也以谨言相要求。他在给叶光岳的批牍中教导说："第一说话要谨慎，不可随口编凑谎话。"吴汝纶是桐城派古文家，文章高手，1866年入曾国藩门下，与黎庶昌、张裕钊、薛福成并称四大弟子。他刚入曾门，曾国藩就告诫他要谨言。吴汝纶在日记中写道：

"《三代世表序》'盖其慎也'，'慎'为立言至要之义。余初见曾文正公，公告以立言宜慎，因自举其箴戒之询，有云：'慎尔毁誉，神人共鉴。'《史记》全部皆以慎为主，班氏亦能守其遗法，后之史书所以为秽者，由其不能慎也。"

吴汝纶受曾国藩影响极大，文风、办事、谨言，都依法其师，得其真传，1870年因曾国藩推荐而被授为深州知州，后任冀州知州，并主持保定莲池书院长达十年。他思想开放，讲求西学，曾任中国第一所现代大学京师大学堂总教习，赴日本考察教育，建树颇多。

跟鬼谷子学绝学：曾国藩认为，巧妙的言语虽然能令人喜悦，却也会扰乱自己的心神，用闲语打发无聊时，也搅乱了自己的精神。明白的人不会夸你，有人夸你是因为他不明白。道听途说的东西，聪明的人一笑了之，愚笨的人则感到震惊。受到震惊的人也终究会明白真相，会认为你存心欺骗，而嘲笑的人会因此而看不起你，即使你说实话，他们也不再相信。对过去的行为感到十分后悔，便写下来警告自己，写下来后再重蹈覆辙，那就永远不可救药了。

看清自己，发挥长处

【鬼谷子语录】

人之情，出言则欲听，举事则欲成。是故智者不用其所短而用愚人之所长；不用其所拙而用愚人之所工；故不困也。言其有利者，从其所长也；言其有害者，避其所短也。故介虫之捍也，必以坚厚；螫虫之动也，必以毒螫。故禽兽知用其长，而谈者亦知其用而用也。

【语录精解】

人之常情，言语说出就希望别人能听从，办理事情就希望能成功。因此，有智慧的人不用自己的短处，而去利用愚蠢者的长处；不用自己笨拙的地方，而去利用愚蠢者所擅长的方面，所以做起事来就不困难。我们常说如何对自己有利，就是要发挥自己的长处；如何才能避害，就是要避开自己的短处。所以甲虫抵御外敌，一定是用自己坚厚的甲壳；那些有毒螫的动物进攻别人，一定是用自己的毒刺刺入。昆虫鸟兽都知道利用自己的长处，我们游说策士更应该懂得如何利用自己的长处了。

人人都渴望自己成为一个名人，渴望自己成为一个受人关注的人，不希望被人遗忘，不希望总是失败。那么你要学会推销自己，成功的自我推销才能让你成为一个受关注的人。

如果现在你仍然不太相信"自己推销自己"的原理，请向那些事业有成的人打听一下，看看他们有什么想法。你一旦问清楚了，就一定要开始实行"自己推销自己"的方法。设法提高你的思考能力，使你像重要的人一样思考。

李嘉诚逐步认识到，推销的实质是推销自我，只有将自己成功地推销给别人，别人才能由人及物，乐于购买你的产品。所以一个优秀的推销员在推销产品时，首先要注意推销自己，能把自己推销给别人，推销就成功了一半。为此，李嘉诚十分注意自我包装，他认为产品需要包装，推销产品的人就更需要包装了。推销员的包装不仅包括衣着打扮，更重要的是在言谈举止中体现出来的内在修养。他为自己定下的标准是要具有绅士风度。

因此，尽管李嘉诚收入不高，家庭负担沉重，但他怀有大抱负，想攒钱办大事，他十分注意自己的仪表修饰。他的服装虽然并非名牌，但相当整洁。

他对自己的行为有一个简单而又全面的衡量标准，那就是要给任何人都留下好印象。

在推销过程中，李嘉诚注意有意识地结交朋友，他经常在拜访一个客户时，先不谈生意，而是建立友谊。他认为，只要友谊常在，生意自然不成问题。

另外，李嘉诚结交朋友，并不全以客户为选择标准。他认为，某人今天成不了客户，或许将来会是客户；某人自己做不了客户，可能会引荐其他的客户；即使促成不了生意，帮忙出出点子，叙叙友情，也是一件好事。

有道是："一个篱笆三个桩，一个好汉三个帮。"李嘉诚广博的学识、诚恳的态度，塑造了他那种独特的魅力。因此，人们十分乐意与他交朋友。无论什么时候，李嘉诚的周围总会有一帮朋友为他出谋划策。

有了朋友的帮助，李嘉诚在推销这一行，更是如鱼得水。李嘉诚曾说："人要去求生意，就比较难，让生意跑来找你，你就容易做。"如何让生意跑来找你呢？当然得靠朋友。如何交朋友呢？关键要注意信誉，处理好利益问题。

李嘉诚认为，善待他人，利益均沾是生意场上交朋友的前提，诚实和信誉是交朋友的保证。后来的李嘉诚在生意场上的朋友，多如繁星，几乎每个与他有一面之交的人，都会成为他的朋友。

正如在积累财富上创造了奇迹一样，李嘉诚的人缘之佳在险恶的商场同样创造了奇迹。李嘉诚在生意场上只有对手而没有敌人，不能不说是一个奇迹。

对待工作，李嘉诚总是最大限度地表现自己的诚意，从而给老板、同事留下了良好的印象。这也是他推销自己的一种方法。

由于李嘉诚的推销业绩不凡，已在同事中有了一定的影响，他们无不对这位聪明的少年刮目相看。五金厂的员工想把铁桶卖给一家旅馆老板，但是一直不能成功。因此，知难而退的同事们公推李嘉诚出马。李嘉诚不愿放弃这一难得的自我挑战机会，毅然应允。

李嘉诚并没有急于去见那位老板，而是找机会与旅馆的一个职员套近乎。没多久，他与那位职员拉上了关系，很快便和他像老朋友一样。通过这位职员，他得知了一些有关这家旅馆老板的情况，其中有一件事引起了李嘉诚的特别注意。

原来，这位老板中年得子，对儿子像宝贝一样。现在旅馆开张在即，千头万绪，而他儿子却整天缠着要去看赛马。他根本抽不出时间满足儿子这一愿望。

这位职员本是把这件事当作趣闻来提起的。然而言者无意，听者有心。李嘉诚听到这件事，便感觉他已经找到了突破口。

于是，李嘉诚让这个职员牵线，自掏腰包带老板的儿子去快活谷马场看赛马。在跑马场上，老板的儿子兴高采烈，十分快活，回家后仍兴奋地向父母叽叽喳喳说个不停。李嘉诚此举令旅馆老板十分感动，他一时不知如何答谢才好。在李嘉诚的劝说下，最终同意从李嘉诚手中买下了380只铁桶。这次行动，使李嘉诚成为五金厂的一等"英雄"。

善动脑筋、善做变通是一个优秀推销员的必备素质。李嘉诚在这方面显示出天赋。

李嘉诚所用的这种方法，显得有点狡猾，狡猾是一个贬义词，不过他做的是一件利人利己的事，而不是损人利己，因此，恐怕只能用聪明来形容。他的聪明之处在于通过对客户有益的行动，表达了自己愿意与之做生意的诚意，这比纯粹用语言表达，要有效得多。机动灵活而始终体现一个"诚"字，这就是李嘉诚所要推销的自我。

跟鬼谷子学绝学：自我推销，首先要明白自己的优势在哪里，这样才能了解自己，增强自己的自信心。这样才能让别人知道你，知道你的优势。而且自我推销做得好的话，口碑也一定会不错，那样你就会具有强大的凝聚力，从而吸引财富。

❧ 说话之前，克制情绪 ❧

【鬼谷子语录】

故曰：辞言有五：曰病，曰恐，曰忧，曰怒，曰喜。病者，感衰气而不神也。恐者，肠绝而无主也。忧者，闭塞而不泄也。怒者，妄动而不治也。喜者，宣散而无要也。此五者精则用之，利则行之。

【语录精解】

所以说：言谈有五种情况：一是病态之言，二是哀怨之言，三是忧郁之言，四是愤怒之言，五是喜悦之言。一般地说来，病态之言是言谈感受到衰竭之气而不精神；哀怨之言是言谈忧愁悲痛没有主见；忧郁之言是情感关闭阻塞不能宣泄；愤怒之言是草率行动而没有条理；喜悦之言是说话自由散漫没有重点。以上这五种外交辞令，精通就可以使用，有利就可以实行。

生活中，我们有时在领导面前说错了话，后果会很糟糕。

上司毕竟不像一般同事。何况一般同事之间也应该注意分寸，说话不能太无所顾忌。与领导相处，平时说话交谈、汇报情况时，都要多加注意。特别是一些让领导不愉快的话，就更要小心把握。如：

"不行吗？没关系。"这话是对领导的不尊重，缺少敬意。退一步来讲，也是说话不讲方法，说了不该说的话。

"无所谓，都行。"这句话会让领导认为你感情冷漠，不懂礼节。

"您不清楚。"这句话对熟悉的朋友也会造成很大的伤害，对领导说这样的话，后果更加严重。

"有劳了。"这句话本来应该是上级对下级表示慰问或犒劳时说的，下级如果对上级这样说，后果似乎不好。不小心说错了话如何补救呢？在领导面前说错了话，一旦反应过来，要立即就此打住，马上道歉。不要因害怕而回避，应面对事实，尽量避免伤害对方的人格和面子，必要时可以再进行说明，不必要的辩解只会越描越黑。

不经意地说："太晚了。"这句话的意思是嫌领导动作太慢，以至于快要误事了。在领导听来，肯定有"干吗不早点"的责备意味。

"这事不好办。"领导分配工作任务下来，而下级却说"不好办"，这样直接地让领导下不了台，一方面说明自己在推卸责任，另一方面也显得领导没远见，让领导没有面子。

"您真让我感动。"其实，"感动"一词是领导对下级的用法，例如："你们工作认真负责不怕吃苦，我很感动。"而晚辈对长辈或下级对上级用"感动"一词，就不太恰当了。尊重领导，应该说"佩服"。如："经理，我们都很佩服您的果断。"这样才算比较恰当。

另外，过度客气有时反而会招致误解。和领导说话应该小心谨慎，顾全大体。但顾虑过多则适得其反，容易遭到误解。所以应该善于妥善处理，以平常心去应付，习惯成自然，对这类情况就可以应付自如了。如果想克服胆小怕事的心态，有时越是谨慎小心，反而越容易出错，而一旦被上司误认为没有能力，自然就得不到重用。

跟鬼谷子学绝学：把握说话的火候，主要就是把握说话的分寸。

说话的分寸把握，我们在前面几节中已经讲了不少，现在着重讲一下在社交场上，如何在自己的上司面前说话，这是人际关系中一门重要的学问，我们如果能很好地把握好与上司说话的分寸，前程与事业上的一些难题自然会迎刃而解。

见不同人，说不同话

【鬼谷子语录】

故与智者言，依于博；与博者言，依于辨；与辨者言，依于要；与贵者言，依于势；与富者言，依于高；与贫者言，依于利；与贱者言，依于谦；与勇者言，依于敢；与过者言，依于锐；此其术也，而人常反之。

【语录精解】

所以与智者谈话，就要以渊博为原则；与知识渊博的人说话，要以辩论为原则；与善辩的人谈话，要以简要为原则；与有权势的人谈话，要以权势为原则；与富人谈话，要以高雅潇洒为原则；与穷人谈话，要以谦卑为原则；与勇敢的人谈话，要以果敢为原则；与愚笨人谈话，要以锐意进取为原则，这些都是与人谈话的原则。然而不少人却常常背道而驰。

同样一句话，你对甲说，甲全神贯注地听，你对乙说，乙却顾左而言他。这时候对甲说，甲乐于接受，那个时候对甲说，甲觉得不耐烦。除了表示甲乙两个人的生活环境不同，也表示甲前后的心情不一样。

当年赵高要陷害李斯，对李斯说秦二世的行为不对，劝李斯进谏，并约定秦二世有闲时候，代为通知李斯。有一天李斯应约进宫，二世

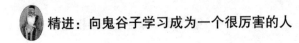

正与姬妾取乐，看见李斯进来。心中很不高兴，而李斯却茫然无所知，正言进谏，二世只好当场敷衍一下。等李斯一退出，二世便开始发牢骚，说丞相瞧不起他，什么时候不好说，偏在这个时候来啰唆！李斯的杀身之祸也就是因为如此。可见你要向对方说话，应该注意什么时候最适宜。对方正在工作紧张的时候，不要去说话；对方正在焦急的时候，不要去说话；对方正在盛怒的时候，不要去说话；对方正在放浪形骸的时候，也不要去说话；对方正在悲伤的时候，更不要去说话。只要有上述几种情形之一，你去说话，一定会碰一鼻子灰，不但说话的目的达不到，遭冷遇也是意料中的事。

你有得意的事，就该与得意的人谈，你有失意的事，应该和失意的人谈。和失意的人谈你得意的事，你不但不知趣，简直是挖苦、讥讽他，他对你的感情，只会更坏，不会变好。和得意的人谈你失意的事，他至多与你作表面的应付，绝不会表示真实的同情。有时还可能引起误会，以为你是要请他帮助，他会预先防备，使你无法久谈。所以你要诉苦，应找同情形的人去诉，同病自会相怜，不但能得到精神上的安慰，亦可稍叙胸中不平之气。你要谈得意事，应该向得意的人去谈，志同道合。年轻人涵养功夫不够，稍有得意的事，便逢人就说且自鸣得意，结果招人骂你器小易盈，笑你沾沾自喜，无意中还会引起别人的妒忌。偶有不如意使你满腹牢骚，如有骨鲠在喉，不免逢人就诉，结果惹人讨厌，说你毫无耐性，甚至笑你活该。

跟鬼谷子学绝学：总而言之，你说话，先要看准对象，他是愿意和你说话的人吗？如果所遇非人，还是不说为好；这个时候，是你要说话的时候吗？如果时候不对，还是不说话的好，说话的成功与失败，诚然与你的说话技术有关，而是否得其人得其时，也与你说话的成败有很大的关系。多说话，别人未必当你是能干，少说话，也未必当你是呆子。

❧ 保持原则，知人善用 ❧

【鬼谷子语录】

是故与智者言，将以此明之；与不智者言，将以此教之。而甚难为也。故言多类，事多变。故终日言不失其类，而事不乱；终日不变，而不失其主，故智贵不妄。听贵聪，智贵明，辞贵奇。

【语录精解】

因此，与聪慧之人交谈，就运用这些方法阐明道理；与不够聪慧的人交谈，就运用这些方法加以教诲。然而，实际上是很难做到的。所以言谈的方法很多，而事物也是千变万化的。因而整日言谈而不失其基本方法，做事也不会出现混乱。终日言谈不加变化，就不会失去主旨，所以聪慧之人的可贵之处就是不致紊乱。听言贵在聪敏，智慧贵在高明，言辞贵在奇妙。

胡雪岩谋事周到，"公关"厉害，招数高明，所做之事多能办成，这是他的本事，对此他也很自信。然而，仅靠他一个人的本事，只能唱独角戏，顶多一个"个体户"，不会成为一个集钱庄、丝行、典当、军火、粮食、房地产生意于一体，经营范围涉及浙江、江苏、上海几乎半个中国，甚至还把手伸到外国人那里去的红顶商人。他成功的秘诀，在于能用人，也就是集中大家的力量为我所用，从而创造出经营上的奇迹。

胡雪岩的用人，一是内部聘用，二是外部利用。在聘用职员上，他不拘一格选拔人才，只要有所长，即大胆使用。如小船主老张，老实忠厚，人缘好，对丝茧较为熟悉，胡雪岩就投资一千两白银聘他当丝行老板。刘庆生本是一个钱庄站柜台的伙计，但人很精明，是可造之才，胡雪岩就用他当阜康钱庄的档手。陈世龙是一个类似街头混混的小青年，还好赌，胡雪岩发现他很机灵，也能管住自己，是个可堪造就的人才，就收他当伙计，而且还肯下本钱培养他，要把他造就成一个如古应春那样的"康白度（买办）"。如此这般，胡雪岩为自己网罗了一批十分能干的帮手。他不仅善于识别、选拔人才，而且能根据他们的专长，各有所用，充分信任。老张当丝行老板，为人老实，才能有限，胡雪岩却一再鼓励他大胆去干。刘庆生当阜康钱庄档手，胡雪岩就放手让他独当一面，并不过多干涉刘庆生的经营。对伙计的信任，使这些伙计能留住心，替胡雪岩效力。

由此可见，在企业管理中，这种信任是十分必要的。企业领导毕竟不是超人，不可能面面俱到事事亲为，许多大大小小的事情，不得不交给部下来完成。有些领导对员工缺乏必要的信任，自己做不来的事也不愿交给部下，对他们不放心，硬是把活儿死揽着，到头来误时又误工，是很不明智的。

"用人勿疑，疑人勿用"是管理学家常用的管理法则。企业领导只有充分信任部下，部下才会因为受到器重和青睐而努力地工作。相反，如果部下知道领导不信任自己，他们就会很敏感地觉察到，对这种度量狭窄的领导失望而轻蔑，自然工作起来便会不认真，敷衍了事，对命令的执行也只是应付。这样领导与部下的关系便会处于尴尬的境

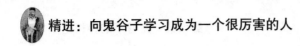

地，领导的权威因而也会受到影响。

信任部下不能只是嘴巴上说出来就行了，一定要切实地做起来。领导在分配给部下工作时，应同时给部下以相对的权力，否则工作就无法顺利开展。在赋予部下权力时，要说明权力限制，之后就完全放手让部下自己决策，自己完成。假如在授权之后，仍然以不信任的眼光盯着部下，处处管着部下，让他的行动不便，这样他就会感到上级的不信任，他们就会失去其进取的积极性而流于一般的应付。这一点，胡雪岩就做得很好，深得人心。在对外部人员的利用上，胡雪岩也是巧借东风的高手。或以情动人，或以理服人，或以利诱人，胡雪岩均能恰到好处地打动对方，从而使对方与自己合作。

湖州府衙门的户房书办郁四，虽只是一个小吏，但因他在地方经营多年，不仅熟悉这里的风土人情，在地方上也有一定影响，而且掌管着征钱征粮的"鱼鳞册"，胡雪岩要代理湖州府库，要在湖州做生丝生意，都要借助他的力量。胡雪岩对他采取情、利并用的手段，帮他处理家务，和他联合做生意，在湖州收丝销洋庄采取与他利润分成的方式，获得郁四的大力支持。胡雪岩为了帮助王有龄，说服嵇鹤龄进新城县安抚造反的"刁民"，用的也是攻心之术。嵇鹤龄是个穷困潦倒的候补知县，已丧配偶，留下一大群孩子，欠下一大笔债务。他虽有勇有谋但因恃才傲物、性格耿介，不为人所用。王有龄要安抚新城县造反的百姓，必用此人。胡雪岩暗中给嵇鹤龄赎回当铺的衣物，还清债务，还替嵇鹤龄物色了一个丫环做妻，令嵇鹤龄感激不尽，冒死进新城去安抚造反的百姓。胡雪岩替王有龄解决了大难题，也使他与王有龄的关系更进一层，为自己今后的发展找到牢固的靠山。

胡雪岩深知"绿叶"的重要，也是从"绿叶"那里获得支持的好手。从胡雪岩身上，我们可以悟到，每个人都有能力完成某些重要的事。基于这种观点，每个人都是重要的——顾客是重要的，你的员工也是重要的。

很多商业人士在工作时却往往忘记了这一点，他们认为，生意就是生意，员工不该指望自己被重视。因为这并不是管理人员的工作。

这种想法完全错了！让员工觉得自己重要正是管理人员的工作——因为使员工觉得自己重要，才会鼓舞他们有更好的工作表现。

韩非说："下君尽己之能，中君尽人之力，上君尽人之智。"意思是说，只会用自己力量的人，是下等君王；能用别人力量的人，是普通君王；善于激发臣下智慧的人，才算得上高明的君王。韩非子告诉我们，作为一个领导人，不能事必躬亲，而要善用他人，但在用人之际要特别注意的是，不只是用他人的能力，更重要的是用他人的智慧。

跟鬼谷子学绝学：胡雪岩以自己为纲，以手下合用的人才为目，通过这些目把全局掌握在自己手里。一个目是一个小局面，小局面做好了，众多做好的小局面汇集在一起，就是一个任其操纵的大局面。

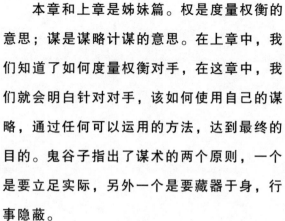

本章和上章是姊妹篇。权是度量权衡的意思；谋是谋略计谋的意思。在上章中，我们知道了如何度量权衡对手，在这章中，我们就会明白针对对手，该如何使用自己的谋略，通过任何可以运用的方法，达到最终的目的。鬼谷子指出了谋术的两个原则，一个是要立足实际，另外一个是要藏器于身，行事隐蔽。

第七章
鬼谷子的谋略绝学

审得其情，乃立三仪

【鬼谷子语录】

凡谋有道，必得其所因，以求其情。审得其情，乃立三仪。三仪者，曰上、曰中、曰下。参以立焉，以生奇。奇不知其所壅，始于古之所从。故郑人之取玉也，载司南之车，为其不惑也。夫度材、量能、揣情者，亦事之司南也。

【语录精解】

凡是谋划策略，都要遵循一定的规则，一定要得到事情的因由，以掌握有关的实际情况。详细掌握了实际情况，才可以制定三种策略。所谓三种策略，就是上策、中策、下策。将这三种策略互相参考运用，就能产生解决这一问题的良策来。真正的良策奇谋是无所阻挡、无往而不胜的。这种设计奇谋的方法并非我们的创造，是古人就曾实施过的。郑国人入山采玉时，都要乘坐装有指南针的车子，是为了不迷失方向。衡量对方才干、估量对方能力、揣度对方内心意图，对于谋臣策士来讲，就类似于做事时使用的指南针。

胡雪岩是一个善于施展计谋的商界高手，他运用计谋战胜了许多生意上的竞争对手。他曾对此总结道：商战用计，要计计相连，环环相扣，滴水不漏，方能有效。与隆昌米行的斗法是胡雪岩施展连环计的一个典型例子。

在隆昌米行，谭柏年不是老板，胜似老板，真正的老板名叫石三官，远在苏州乡下，是个纨绔。父亲死后遗下一大笔财产，又继承了年代颇久的一家老米行。石三官喜欢斗鸡走马玩蟋蟀，疏于生意买卖，便把米行一切事务交给舅舅谭柏年，委托他全权处理一切，连账本也不过目，每年只须按时交付赚来的银子，便不过问。谭柏年得了授命，仗着长辈关系，在米行中行使老板权力，对伙计十分苛刻，店里上下没有一个不惧他的。

有一天，谭柏年用过早餐，吩咐备轿，去福轩客栈会一位重要的客商。一路上，谭柏年脑中飞快盘算，思考见面时要做的事。今岁苏州乡下风调雨顺，谷米丰收，隆昌米行趁机敞开收购，仓房里屯集了上万石新米，需要寻找买主。谭柏年干米行生意，屈指算来已有三十多载，精通业务自不必说，做米生意的各种奥秘亦了如指掌。

尽管在隆昌，大小事情他说了算，但他还不是真正的老板，辛辛苦苦赚来的银子必得如数交给石三官，他心里就发痛。外甥待他不薄，年俸可观，外加不少红利，但终究不是自己的米行。谭柏年打起"小九九"，要做老板，得靠自己的手段，账目上做手脚，略施小计，石三官看不出来，这里头揩的油，抵得上两三个档手的年薪。

谭柏年此刻便是寻找这种机会。一日，山东米商潘家祥抵达上海，谭柏年闻讯前去码头相迎。他俩是老相识，言谈之间，谭柏年得知对方有意要在上海收购大批谷米，运往北方。

凭经验，谭柏年知道潘家祥本钱雄厚，不屑于做零碎买卖。与小本米行锱铢必较，费力费神，且不能满足需要，能看得上眼的大米行，在上海不过三五家。谭柏年把几家米行加以排列，估量实力，隆昌属前三名，可以力争。谭柏年同样喜欢做大买卖，报损率高，回扣可观，一笔生意下来，除了应付石三官，自己还能落下一笔银子。

然而，见到潘家祥之后，潘却说他与胡雪岩已经签订了契约并将契约掏给谭柏年看。谭柏年只瞅了一眼纸上"胡雪岩"三个字，便明白对方说的是实话，敢于把这事告诉他人，证实这桩买卖已铁板钉钉，笃定泰山，不会生变故的。谭柏年霎时充满失望之感，心里暗骂：姓胡的忒狠毒，竟把手伸到上海，虎口夺食！

胡雪岩在浙江把持海运局，改漕运为海运，干得相当成功，商界尽人皆知。但没想到他会在上海米行中抢生意，谭柏年事先排定的上海各家米行名单中，偏偏没有想到过胡雪岩。这是因为胡雪岩的海运局主要收购谷米北运，与潘家祥干同样营生，而非售米。这真是半路杀出个程咬金，令谭柏年的如意算盘落了空。按他的筹算，隆昌米行的存米全部出手，他至少可得 2 万银子的私利，而今却打了水漂，怎不叫谭柏年锥心般刺痛。于是谭柏年使尽了伎俩，费尽了口舌，终于使潘家祥毁了约。

胡雪岩很快得知潘家祥毁约的消息，他不因为对方愿付一笔罚金而高兴，反而陷入莫名的烦恼之中。

潘家祥听了谭柏年的挑唆，只知其一不知其二。胡雪岩此番抛售大米，的的确确想做一次米行生意。生意若要做活，必出奇招，改变套路，抓住机会，才有所获。海运局向来只购不出，给人印象属官办机构，盈利不多。今年浙江谷米丰收，米价狂跌，胡雪岩知道北方连遭旱灾，粮食紧缺，于是当机立断，一改通常惯例，大量收购新谷，寻找米商脱手，打一次奇袭战，赚一笔银子，再转入常规运作。

潘家祥的毁约，令胡雪岩尝到了失败的滋味，倘若再传入圈内人

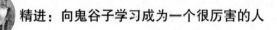

中间，有损他的信用。潘家祥系山东富商，垄断了北方民间粮米市场，在商场中具有举足轻重的影响，而胡雪岩向来以诚为本，视信用为生命，如今不能取信于潘家祥，有何面目见商场同仁？

于是，胡雪岩打定主意为自己的利益而战。他沉思良久，想出了一套连环计，接着他便着手实施。

第一环，寻找谭柏年的弱点。俗话云：苍蝇不叮无缝的蛋。胡雪岩在商场征战半辈子，极善于抓住对手的弱点和疏失，予以痛击，无往不胜，十分灵验。凭他的直觉，谭柏年身为隆昌米行档手，老板不在店内主事，他必然营私舞弊以售其奸。天下谁人不愿当老板？世上哪个不爱金钱？石三官放任谭柏年作主张，岂无肥私劣迹？

胡雪岩细细回想与谭柏年曾经做过交易的每一个情节。如果换成其他人，早已把这些陈谷子烂芝麻的事忘得一干二净。但胡雪岩毕竟是胡雪岩，他记忆力惊人，如电火闪烁，忽然记起一个情节：当时同谭柏年讨价还价时，谭柏年并不在意谷米的价码，只是要求按一厘二的回扣，把钱存到裕和钱庄户头上。胡雪岩敏感地觉察到这笔钱存得蹊跷，若是替主人赚的钱，必然随大笔米款同存入一个户头。分开来的目的，说明谭柏年私吞这笔回扣银，而石三官毫无察觉。生意场上，档手欺骗东家，"账房吃饱、老板跌倒"，这现象比比皆是，胡雪岩见惯不惊。以此观之，谭柏年单是从售米私吞的回扣，不是少数。可以推测，此次潘家祥毁约与隆昌成交，谭柏年必然竭尽诋毁诽谤之能事，而为一大笔回扣力争，使他获得成功。

胡雪岩有些兴奋，他自知抓住对方狐狸尾巴，只须用力拖拽出洞，使其真面目大白于天下，则可战而胜之，挽回败局。

第二环，抓住谭柏年的把柄。胡雪岩以存20万两银子为条件，让资金紧张的裕和钱庄的档手谷真豪把隆昌米行档手谭柏年在裕和的存款数目告之。

谷真豪果然送来明细账，秀丽的小楷，把谭柏年每次存银的数目、日期誊写得一清二楚，明白在目。胡雪岩大喜过望，立刻按谭柏年每次存银的数目，推算出隆昌近年来的生意情况，隆昌米行再无秘密可言，而谭柏年从米行中攫取的不义之财也暴露无遗。

第三环，入股隆昌米行。胡雪岩用计假冒"裕和"之名，将谭柏年在裕和的存银和利息结算账单故意误送至老板石三官处，使隆昌米行的老板石三官知道了谭柏年的所作所为。胡雪岩又找到了石三官，以入股三成、负责米行事务为条件，帮助石三官整顿米行，挽回损失，获得石三官的允许。

第四环，收服谭柏年。胡雪岩把谭柏年的罪证出示，并说：要么把谭柏年送官处置，要么跟他安心管理米行为他奉差，而且俸银必翻番。二者任谭柏年选择。在胡雪岩威逼利诱下，谭柏年无路可走，只好打定主意，死心塌地替胡雪岩效力。胡雪岩教他听候待命，不要轻举妄动。原来胡雪岩考虑到潘家祥既然敢毁约，一定对胡雪岩的信用产生了怀疑，贸然劝他信守前约，必遭碰壁。唯有设下圈套，令他钻入，不得解脱，情急之中，才可乖乖就范。

第五环，对付潘家祥。潘家祥并不知道隆昌米行的变故，他绝对信任谭柏年。签约付订金后，潘家祥急忙返回山东，寻找销售谷米的合作伙伴。其时，北方数省旱灾严重，庄稼连年歉收，饥民成群，已出现"吃大户""抢公仓"的情形。捻军、白莲教等团体，乘势号召天下，揭竿而起，攻城略地，对抗官府，局势危如累卵。朝廷严令各省抚督，开仓赈灾，安抚饥民，以防民变。

潘家祥看到这种情景，心中暗喜。饥民愈多，谷米不愁销路，正可囤货居奇、待价而沽，谋求最高的价钱抛售出去。

他正在物色代理商，胡雪岩请的一位官大人翩然来访，此人自称主持直隶粮道，急需购进大批谷米，缓解直隶灾情。潘家祥知道他说的是实情，几天来，前来拜访的粮道官员接踵而至，都企望潘家祥这位粮商提供米源，因朝廷公仓空虚，漕运迟迟不至，远水不解近火。潘家祥未相允，原因在于他认为官府出价太低，自己赚得不够。

这位粮道大人焦急不安，出手不凡，愿以每石15两银的价码，购买两万石谷米。潘家祥估算一下，已高出进价近两倍，除去运费打杂开支，这笔生意净赚10多万银子。他暗自高兴，却不形于色，大叹苦经说："江南战乱仍频，谷价腾贵，购之不易，路途迢迢，成本高昂，我已蚀不起老本，不敢多做了。"

粮道大人知道他在讨价还价，索性每石再添2两银子。潘家祥见火候已到，决定成交。签约付订金后，粮道大人意味深长道："救灾如救火，还望潘公信守合约，按此交割，耽误了公事，可不是闹着玩的。"潘家祥拍着胸脯说没问题。

当下潘家祥乘小火轮飞快回到上海，只等谭柏年如期交米，他已雇下快船20多只，整帆待发，万事俱备，只等装船启运。

眼看第二天便是行期，隆昌米行毫无动作，船老大来客栈见潘家祥，询问哪天装船。潘家祥正在吞云吐雾，闻言吓得没了烟瘾，一骨碌从榻上翻下来，心急火燎，打轿到隆昌问罪，谭柏年一迭声致歉，言称米行已换了老板，他做不了主，凡事可问胡雪岩。

潘家祥正要发作，只见胡雪岩背着双手，踱出内屋，便明白了：原来中了胡雪岩的圈套。交粮日期迫近，另找米行已来不及，倘若误了期限、粮道大人是胡雪岩的至交，岂能轻饶了我？潘家祥愈想愈怕，惊出一身冷汗。

到此时，潘家祥只好服输，以每石 20 两银子向胡雪岩买了两万石米。由此一算胡雪岩反败为胜，并且净赚了 10 万两银子。

跟鬼谷子学绝学： 出现问题的时候，我们应该先查清问题出现的原因，然后才能对症下药，进而药到病除。和别人竞争的时候，我们也应该查清别人的底细，这样便于我们选择采取什么样的策略来和对手竞争，从而取得最终的胜利。

得人心者，方成大事

【鬼谷子语录】

故同情而相亲者，其俱成者也；同欲而相疏者，其偏成者也；同恶而相亲者，其俱害者也；同恶而相疏者，偏害者也。故相益则亲，相损则疏。其数行也，此所以察异同之分，其类一也。故墙坏于其隙，木毁于其节，斯盖其分也。

【语录精解】

凡是思想欲望相同而互相亲近的人，是因为双方都获得了成效；凡是欲望相同却关系疏远的，一定是只对一方有利。凡是共同被人憎恶且关系亲密的人，是因为双方都受到了损害；凡是共同被人憎恶而关系疏远的，一定是部分人先受到损害。所以，能够互相带来利益的，关系就亲密，如果相互会造成损害的，关系就疏远。这都是规律在起作用，根据这个标准来判断事物的相异相同，其道理是一样的。所以，墙壁的损坏是从裂缝开始，树木折断是从节疤处开始，这大概是由于共同的规律。

在古代，选拔官员要讲"官德""官威""官容"，三者毕备，下属服气，易于管理。其中"官德"又位居列首位，是最重要的。

公元前27年，赤眉军的樊崇、刘盆子投降，刘秀对他们说："你们过去大行无道，所过之处，老人弱者都被屠杀，国家被破坏，水井炉灶被填平。然而你们还做了三件好事：攻破城市、遍行全国，但没有抛弃故土的妻子；第二件是以刘氏宗室为君主；第三件事尤为值得称道，其他贼寇虽然也立了君主，但在危机时刻都是拿着君主的头颅来投降，唯独你们保全了刘盆子的性命并交给了我。"于是，刘秀下令他们与妻儿一起住在洛阳，每人赐给一区宅屋，二顷田地。

刘秀极善于调解将领之间的不和情绪，绝不让他们相互斗争，更不偏袒。贾复与寇恂有仇，大有不共戴天之势，刘秀则把他们叫到一起，居间调和，善言相劝，使他们结友而去。对待功臣，他绝不遗忘，而是待遇如初。征房将军祭遵去世，刘秀悼念尤勤，甚至其灵车到达河南，他还"望哭哀恸"。中郎将来歙征蜀时被刺身死，他竟乘着车子，带着白布，前往吊唁。刘秀的这种举动虽然很可能是作秀，但确实赢得人心。

刘秀在称帝之前就告诫群臣，要"在上不骄"，做事要兢兢业业，如履薄冰，如临深渊，日慎一日，等等。在后来的岁月里，刘秀一直始终如一地自戒戒人，这种用心良苦的告诫，虽不能根本上扭转封建官场的习气，但起了一定的作用。

为了笼络人心，他把战败部队的投降将领封为列侯。但是这些投降将领并不安心，老担心刘秀总有一天会收拾他们。刘秀看出了他们的心思，就让他们各回原来的军营统帅部队，然后自己骑着马，只带几个随从，到各军营去检阅。

投降的将领见刘秀这么信任他们，都很感动，在一起议论说："萧王这是把一颗真心放到别人的肚子里，也就是推心置腹呀！我们能不为他拼死效力吗？"从此都一心向着刘秀了。

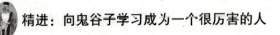

刘秀通过自己人格力量，在下属中树立了"官德"，从而深受下属拥戴。这是他成就人生大业的一个根本原因。

在现代社会，讲究人权，讲究法治，领导的天赋权威已经被大大减弱，要想获得下属拥戴，一定要行得正，坐得稳，勤修自己的"官德"。只有这样，才能成为团队的中心，并率领团队创造非凡业绩。

在一个寒冷的深夜，纽约一条不是很繁华的道路上几乎没有车辆行驶。这时从街中心的地下管道洞内钻出一位衣着笔挺的人来。路旁的一个行人十分狐疑，他上前想看个究竟，一看却怔住了，他认出这钻出来的人，竟是大名鼎鼎的电话业巨头，密西根贝尔电话公司总经理福拉多！

原来福拉多是因为地下管道内有两名接线工在紧急施工，福拉多特意去表示慰问。

福拉多被称作"十万人的好友"，他与他的同事、下属、顾客，乃至竞争对手都保持着良好的关系，这位富有人情味的企业巨子，事业如日中天。

可以说福拉多的成功，在很大程度上要得益于他的好人缘，他用自己富有人情味的领导，赢得了同仁的赞誉和支持。然而生活中，很多人往往忽略了，你身边的同仁就是不能缺少的靠山。敬人者，人皆敬之；爱人者，人皆爱之。只要以一颗真诚的心去面对你的同仁，就能够得到对方同样的回报，为自己增加一个可以同甘苦、谋事业的坚强靠山。古代做大事、成大业的人，也都是以心换心，才得到了无数同仁的支持，并依靠他们的力量，取得了事业的成功。

正所谓"得其民者得其国"，同仁的力量不可小视。帮助了他们，他们就会对你感恩，成为你人生的靠山。

三国时，刘备为了避免与曹操几十万大军交战，便弃樊城，带领百姓向江陵进发，在当阳长坂坡与曹操的追兵展开血战，赵云为救刘备妻儿单枪匹马，突出重围，历尽艰险，终于来到了刘备的面前。

　　当时刘备正在距离长坂桥二十余里的地方和众人在树下休息，赵云看到刘备便立即下马"伏地而泣"，而"玄德亦泣"。赵云不顾自己的疲惫，气喘吁吁地对刘备说："赵云之罪，万死犹轻！糜夫人身带重伤，不肯上马，投井而死，云只得推土墙掩之。怀抱公子，身突重围。赖主公洪福，幸而脱险。"说着，想起来怀中的公子刚刚还在哭，现在怎么没了动静，便急忙解开来看，原来阿斗正睡着还没有醒。于是赵云欣喜地说："幸得公子无恙！"便双手递给刘备。刘备接过孩子，扔在地上说："为汝这孺子，几损我一员大将！"赵云看到刘备如此，连忙从地上抱起阿斗，泣对刘备说："云虽肝脑涂地，不能报也！"

　　虽然人们对刘备掷阿斗一事历来颇有争议。无论是刘备故意作态给别人看，以笼络周围将士的心，还是他真的爱将胜于爱子，但阿斗的确是赵云从地上抱起来的，这在一定程度上也表明了刘备当时是轻父子情重君臣心的。

　　他对赵云的感激怜爱之心溢于言表，赵云也由此更加坚定了为刘备效力的决心。正是刘备对将士有着感恩之情，他的周围才聚集了赵云、张飞、关羽、诸葛孔明这些才华横溢的杰出人士，成为他振兴大业的有力依靠。

　　同时，刘备还懂得安抚民心，实施仁政。刘备在与川军的斗争中，竖起免死旗，收降川兵，又谕众降兵"愿降者充军，不愿者放回"，实行优待俘虏的政策。这样一来反而使得人心向之，川军不战而溃。当军队进入成都时，百姓"香花灯烛，迎门而接"。正是因为刘备对百姓施行了仁政，才得到了百姓的拥护和将士的爱戴，从而顺利地占领了成都。

刘备最终之所以能在三分天下后拥有自己的一席之地，重要原因就在于他以一颗仁义之心换得了同仁对他的支持与感恩，依靠同仁的力量而成就自己的事业。

不仅在古代社会如此，在我们当今的社会里，"我为人人，人人为我"，"人与人相互支撑"也是社会生活以及同仁间关系的法则。

跟鬼谷子学绝学： 美国社会心理学家布罗尼克认为，一个人走向成功，必须通过6道关门。在20多岁至30岁是第二道关口——脱颖而出。其间，多数人投入可观的时间，动脑筋钻研业务，和别人比高低，希望能得到好声誉。然而，有些人为了使自己凸显出来，便会经常地批评别人，贬低别人，对别人不信任，称赞自己，把功劳归于自己。这样，他们就很难得到别人的合作。甚至不得不与其他人处于对抗之中，也就失去了在群体中的地位。这些人往往得不到别人的信任和好感，难于与他人合作，因此，得不到上司的赏识、同事的接纳和合作，常常失去晋升的机会，也难于获得成功。

慧眼识人，用人所长

【鬼谷子语录】

夫仁人轻货，不可诱以利，可使出费；勇士轻难，不可惧以患，可使据危；智者达于数，明于理，不可欺以诚，可示以道理，可使立功。是三才也。故愚者易蔽也，不肖者易惧也，贪者易诱也，是因事而裁之。

【语录精解】

仁德君子视财物如粪土，所以不可以用钱财去引诱他，可以让他们提供资财；勇士轻视灾难，所以不可以用灾患去吓唬他，倒可以让他们镇守危险之地；智慧的人通达事理，不可用诡诈去欺骗，倒可以用大道理来晓谕他，让他们建功立业。这是三种人才：仁人、勇士、智者。相反，愚蠢者可以用欺骗手段蒙蔽他，不肖之徒可以用恐吓手段威胁他，贪婪者可以用金钱去利诱他，应该因人因事而使用不同手段。

古人云："智莫大乎知人。"得人才者兴，失人才者亡，这是企业的生存法则。人的强大不仅仅在于提升自身的智慧，还在于凝练他人的智慧为我所用。善集众人之智慧于一身者，方能成大事、做巨人。人才是事业成功最重要的资本和基础。深受中华传统文化熏陶的李嘉诚深谙此道。

李嘉诚曾经说过："在我心目中，不论你是什么样的肤色，不论你是什么样的国籍，只要你对公司有贡献，忠诚、肯做事、有归属感，即有长期的打算，我就会帮你慢慢地经过一个时期而成为核心分子，这是我公司一向的政策。"

身为怡和贸易代表的英国人马世民，到长实公司推销冷气机。虽然李嘉诚一般不过问此类业务，但马世民却一再坚持要求面见李嘉诚。他的倔强吸引了李嘉诚，这次偶然的接触，彼此间留下了相见恨晚的深刻印象。后来时机成熟，李嘉诚不惜重金收购了马世民创办的Davenham 工程顾问公司，延揽了马世民这位不可多得的人才。

古有"千里马常有而伯乐不常有"的感叹，然而，港人却盛赞李嘉诚具有九方皋相马的慧眼。李嘉诚正是因为极为高明地辨识和使用了众多的"千里马"，他指挥的高速前进的商业巨舰，才驰骋商场几十年而无坚不摧、无往不胜。

李嘉诚为邀得袁天凡的加盟，历尽峰回路转到柳暗花明的曲折历程。袁天凡的才华在香港金融界路人皆知。尽管两人过往甚密，但袁天凡却多次谢绝了李嘉诚邀其加入长实的好意。李嘉诚并不言弃，仍一如既往地支持袁天凡：荣智健联手李嘉诚等香港富豪收购恒昌行，李嘉诚游说袁天凡出任恒昌行行政总裁一职。袁天凡与他人合伙创办天丰投资公司，李嘉诚主动认购了天丰公司 9.6% 的股份。李嘉诚多年来的真诚相待，终于打动了孤傲不羁而才华出众的袁天凡，他应邀出任盈科亚洲拓展公司副总经理。在袁天凡的鼎力协助下，孕育出了叫响香港的腾飞神话。

李嘉诚在商界以坦诚和守信著称。李嘉诚说："以诚待人是我生活上坚定不移的原则。"正是李嘉诚那广为传颂的诚信美德，使得众多出类拔萃之才纷纷因他而来、由他而聚，心悦诚服地为李家商业王国奉献自己的聪明才智。

李嘉诚谋事决策的成功，得益于多位顶尖智囊、高参、谋士的长期忠贞不渝地合作。杜辉廉是一位精通证券业务的专家，被业界称为"李嘉诚的股票经纪"，备受李嘉诚青睐和赏识。李嘉诚多次请其出任董事均被谢绝，他是李嘉诚众多"客卿"中唯一不支干薪的人。但杜辉廉绝不因为未支干薪而拒绝参与长实系股权结构、股市集资、股票投资的决策。我们无法知道杜辉廉这样做是怎样想的，但我们起码可以从这样的现象中，能够感觉到李嘉诚人格魅力在其中产生的巨大力量。为了回报杜辉廉的效力之恩，当杜辉廉与梁伯韬合伙创办百富勤融资公司时，李嘉诚发动连同自己在内的18位商界巨头参股，为其助威。在百富集团成为商界小巨人后，李嘉诚等又主动摊薄所持的股份，好让杜、梁二人的持股量达到绝对的安全线。李嘉诚的投桃报李，善结人缘，更使得杜辉廉极力回报李嘉诚，甘愿为李嘉诚服务，心悦诚服地充当李嘉诚的"客卿"和"幕僚"。杜辉廉在身兼两家上市公司主席的情况下，仍忠诚不渝地充当李嘉诚的股市高参。

《李嘉诚成功之路》一书这样写道："正因为李嘉诚善于把一批确有真才实学的智囊人物团结在自己的周围"，"'博采天下之所长，为己所用'，从而保证了他每在关键时刻能出奇制胜，化险为夷。"

李嘉诚说："决定大事的时候，我就算100%的清楚，也一样要召集一些人，会合各人的资讯一起研究。这样，当我得到他们的意见

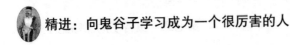

后，看错的机会就微乎其微。"

在人才的使用上，会用人的人总是能从实际需要出发，用最适合事业发展的人才。在李嘉诚庞大的商业王国中，只要是人才，就能够在企业中有用武之地。李嘉诚说："要知人善任，大多数人都会有部分的长处，部分的短处，好像大象食量以斗计，蚂蚁一小勺便足够。各尽所能，各得所需，以量才而用为原则。这就是说，一个公司需要员工共同努力，才能完成发展公司的大业。就如在战场，每个战斗单位都有其作用，而主帅未必对每一种武器的操作比士兵纯熟，但最重要的是首领亦非常清楚每种武器及每个部队所能发挥的作用——主帅只有明白整个局面，才能做出出色的统筹并指挥下属，使他们充分发挥最大的长处以及取得最好的效果。"

李嘉诚通晓唯才是举的用人方略。在集团内部，李嘉诚彻底摒弃家族式管理方式，人们看不到家长制作风的影迹，完全是按照现代企业管理模式进行运作。李嘉诚常说："唯亲是用，必损事业。"有位员工这样评价李嘉诚："对碌碌无为之人，管他三亲六戚，老板一个不要。"

李嘉诚善用年轻人。长实在20世纪80年代得以急速扩展及壮大，股价由最初的6港元上升到90港元，这和李嘉诚不断提拔风华正茂的年轻人有关。有长实系新型三驾马车之称的霍建宁、周年茂、洪小莲，正是长实年轻才俊的杰出代表。霍建宁1985年任长实董事，两年后提升为董事副总经理，是年35岁，如此年轻就任香港最大集团的要职，在香港实属罕见。周年茂1985年任长实董事副总经理时才30岁出头，负责长实系的地产发展，具体策划了多项大型住宅屋村的发展事宜，深孚众望。由秘书成长起来的长实董事洪小莲，全面负责长实公司楼宇销售时不到 40 岁。正是这些青年才俊的鼎力帮衬，才有李嘉诚演绎出巨额财富的惊天神话。

跟鬼谷子学绝学：一个企业要发展，离不开人才。想要吸引人才，就应该营造出一种温馨的公司环境，让他们在企业中得到一种归属感。这也是本文所说的要找到每个人的长处，找到他们适合的岗位，用人所长，那么他们自然就会心甘情愿留下来。

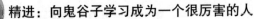

扎扎实实，一步一步

【鬼谷子语录】

故为强者，积于弱也；有余者，积于不足也；此其道术也。故外亲而内疏者，说内；内亲而外疏者，说外。故因其疑以变之，因其见以然之，因其说以要之，因其势以成之，因其恶以权之，因其患以斥之。摩而恐之，高而动之，微而正之，符而应之，拥而塞之，乱而惑之，是谓计谋。

【语录精解】

所以强者是由弱小积聚而成；有余是由不足积累而成。这是事物发展的必然结果，是"道术"的体现。所以，外表亲密而内心疏远的人，要从内心入手游说他；内心亲密而外表疏远的人，要从表面上入手去游说他。可以根据对方所疑惑的问题，来改变自己游说的内容；根据对方的表现来判断游说活动是否见效；根据对方的答辞来确定自己游说的要点；根据情势的变化来征服对方；根据对方的所厌进行权衡，确定利弊；根据对方所虑对之申斥，加以防范。揣摩之后对其施以恐吓；抬高对方之后，策划行动；削弱对方之后，加以扶正；验证对方真假后，再决定是否响应他；拥堵对方后，加以阻塞；混乱之后，迷惑对方。这些就叫作计谋。

中国传统思想中，"知行合一"是个非常重要的命题。但由于儒学是经世之学，因此更强调"行"，也就是实践的意义。《尚书》中说："非知之艰，行之唯艰"，提出了知易行难的观点。孔子说："君子欲讷于言而敏于行"，"君子耻其言而过其行"。"力行"被看成了君子的一个标志。看某人品质如何，要"听其言而观其行"，以实际行动作为评价的主要标准。这种思想对后世产生了深远影响，成为"实学"的重要内容。

扬雄在《法言》中说："学行之，上也；言之，次也"，把行摆在了言的前面。朱熹也说："知之主要，未若行之之实"，"行不及言，可耻之甚"。有人进一步说，"真知即所以为行，不行不足谓之知"，认为知就是为了行。只有付诸实行了，才能说取得了真知，否则就不是真知。

清代学者颜元说得好："读得书来口会说，笔会做，都不济事；须是身上行出，才算学问。"古人所说的闭门造船、纸上谈兵的典故，批评的就是缺乏实际办事经验而自以为是的那种人。

吕坤在《呻吟语》中说："以圣贤之道出口易，以圣人之道躬行难。"嘴上说出来容易，做出来却难上加难。曾国藩很少拿大话吓人，即使说，也实实在在。他要做的，就是要把自己恪守的道德、追求的理想在实际行动中表现出来。有人说曾国藩是圣贤，就因为他用自己的行动实践了圣贤的理想和主张。

曾国藩继承了传统中的重行思想，强调力行，不说空话，"知一句便行一句"。不仅要"常常行之"，还要事事力行，办事"宜就所当所务者次第施行，做一件算一件，行一步算一步"。

曾国藩一生各方面的成就，都体现了力行的功夫。

曾国藩对那种空谈阔论而无实际办事能力的人持鄙夷态度，认为这是读书人的大毛病："读书人之通病，往往志大言大，而实不副也。"后来又批评道："读书人之通病，约有二端：一曰尚文不尚实，一曰责人而不责己。尚文之弊，连篇累牍，言之成理，及躬任其事，则忙乱废弛，毫无条理。"对读书人缺点的分析真是入木三分。

曾国藩所交游的师友，都是朴实而崇尚力行的人，无论是唐鉴、倭仁这样的大家，还是吴廷栋、陈源兖、何桂珍这一班兄弟，以及江忠源、郭嵩焘、罗泽南等同乡好友，都倡导力行，而以大言为耻。

但曾国藩在京城时也遇到过高谈阔论的人。其中有一人刚从外地回京不久，经历稍微丰富，席间便夸夸其谈，旁若无人。曾国藩对他很看不起，从此便未深交。另有一叫庞作人的官员，与此公相似，曾国藩对他同样反感。但当曾国藩官至两江总督，指挥四省军务时，他便跑到江南，希望能凭自己三寸不烂之舌，打动曾国藩，混个一官半职，说不定日后还能飞黄腾达。但曾国藩一见便觉他讨厌，在日记中写道：

"有庞作人者，一无所知，而好讲学，昔在京已厌薄之。本日又来，尤为狼狈恶劣。甚矣，人之不可不务实也。"

最后的结果是这位仁兄只好灰溜溜地走了。

随着经历的复杂，曾国藩更知办事之难，对行动更为重视，对空言更加厌恶。咸丰十一年（1861年）三月，他给胡林翼写信说：

"侍近恶闻高言深论，但好庸言庸行。虽以作梅之朴实，亦嫌其立论失之高深。其论公之病，侍亦虞其过于幽渺，愿公从庸处浅处着想。"

陈作梅即陈鼐，是曾国藩的心腹幕僚，为人非常朴实，曾国藩仍觉他有大言之嫌。曾国藩对空谈的敏感，可见一斑。

李元度以书生领兵，曾国藩对他最不放心，一再叮嘱他禀报军情应当翔实，不要"空说吉祥语"。咸丰十年（1860年）三月，李元度奉命前往徽州防守，曾国藩与他约法五章：曰戒浮，谓不用文人之好大言者；曰戒过谦，谓次青好为逾恒之谦，启宠纳侮也；曰戒滥，谓银钱、保举宜有限制也；曰戒反复，谓次青好朝令夕改也；曰戒私，谓用人当为官择人，不为人择官也。第一条就告诫李元度不要任用好为大言的文人。后来曾国藩又论及任用绅士之道，其中一条是"禁大言以务实"，是同样的道理。

　　对于力行而少言的人，曾国藩最看重。张运兰开始只是王鑫手下的一个下级将领，因为他务实，曾国藩一再提拔。1860年，曾国藩命宋梦兰率军与他配合作战，对宋说："张凯章观察精细沉实，先行后言，阁下与之相处，似可将军中琐事一一研究，总以'质实'二字为主，以阁下之熟于乡土，凯章之老于戎行，又皆脚踏实地，躬耐劳苦，必能交相资益，力拯时艰。"

　　跟鬼谷子学绝学：曾国藩越到晚年，越是厌空言重力行，谆谆告诫子弟，视之为处世办事的铁则。一般情况下，年轻人都喜欢高谈阔论，如曾国藩所说："大凡人之自诩智识，多由阅历太少。"随着阅历增加，认识到事情的复杂性，就逐渐趋向实际，甚至变得谨小慎微。这有不利的方面，但重行的传统仍有其不可忽视的价值，对于年轻气盛的人来说，就显得更为重要。

团结周围，消除矛盾

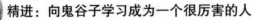

【鬼谷子语录】

计谋之用，公不如私，私不如结，结比而无隙者也。正不如奇；奇流而不止者也。故说人主者，必与之言奇；说人臣者，必与之言私。其身内，其言外者，疏；其身外，其言深者，危。

【语录精解】

计谋的运用，公开不如保密来得好，私下密谋不如加深与对方的感情，感情很深的话就不会有间隙让别人离间了。循常理不如出其不意，奇计一出则不可阻止。所以游说国君，一定要进献奇策；游说人臣，一定要讨论他的切身利益。关系很亲密而谈话却很见外，就会被疏远；关系很疏远而说的话很深入，就会很危险。

曾国藩对于个人在集体中的地位和作用，有着明确的认识。他说："细想古往今来，亿万年无有终期，人们生活在这中间，数十年只是须臾瞬息。大地数万里，不能穷极，人在其中休息游玩。白天犹如一间房子，晚上犹如一张卧榻。古人的书籍，近人的著述，浩如烟海，人一生所能读的不过九牛一毛。事情复杂多样，可以获得美名的道路也有千万条，人们一生中力所能及之时，不过如太仓一粟。知道上天悠悠无穷期，自己的生命非常短，那么遇到忧患和非常不顺心之事时，应当稍稍忍耐以待其自消；知道大地的宽广，而自己在大地中占据的位置非常小，那么遇到荣耀名利相争之时，应当退让三分，以柔道处之；知道古今人们的著述非常丰富，而自己的见识非常浅陋，那么就不敢以一己之见而自喜，应当择善而从，并以谦虚的美德而保持它；知道事情复杂多样，而自己所办的事情非常少，那么就不敢以功名自矜，应当思考推举贤才而一起去完成伟大的功业。如果这样，那么自私自满的观念就可渐渐消除了。"

曾国藩认为，一个人不论是聪明绝顶，还是大仁大智，都是有缺憾的，不可能完美无缺。相反，愚笨至极的人也有可爱之处。本着这样的想法，尤其是他认为自己属于"中材"，或接近于"笨"的一类，因而更注意吸取他人之长，以补一己之短。他的幕府就像一个智囊团，有什么疑难问题，都让他们出高招、献良策。

在同幕僚长期合作共事的过程中，曾国藩经常以各种形式向他们征求意见，在遇有大事决断不下时尤为如此。有时幕僚们也常主动向曾国藩投递条陈，对一些问题提出自己的见解和解决办法，以供其采择。

幕僚们的这些意见，无疑会对曾国藩产生重要影响，这方面的事例可以说是俯拾即是，如他采纳郭嵩焘的意见，设立水师，湘军水师从此名闻天下，也受到清廷的重视，可以说是曾国藩初期成败之关键。咸丰四年（1854年）太平军围困长沙，官绅求救，全赖湘军，而羽翼尚未丰满的湘军能否打好这一仗，事关存亡。曾国藩亲自召集各营官多次讨论战守，又在官署设建议箱，请幕僚出谋划策。他最终采纳陈士杰、李元度的建议，遂有湘潭大捷。咸丰十年（1860年）秋，是湘军与太平军战事的关键时刻，英法联军进犯北京，咸丰帝出逃前

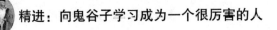

发谕旨令鲍超北援。曾国藩陷入极难境地：北上勤王属君国最大之事，万难推辞，但有虎将之称的鲍超一旦北上，兵力骤减，与太平军难以对峙，自己多年经营将毁于一旦。于是，他令幕僚各抒己见，最后采纳李鸿章"按兵请旨，且无稍动"的策略，度过一次危机。不久，下安庆，围天京，形成了对太平军作战的优势。而那些闻旨而动的"勤王军"，劳民伤财，却贻笑天下。

其他方面，如曾国藩采纳容闳的意见，设"制器之器"，派留学生出国，使他成为洋务派的领袖等，不胜枚举。可以说，曾国藩是以众人的智慧为己所用的典型人物。他自己深得众人相勘之益，也多次写信让他的弟弟曾国荃如法炮制。他说，左宗棠的气概和胆略过于常人，因而希望能与他一起共事，让他来帮助弥补自己的不足之处。他还劝曾国荃早早提拔下属，再三叮嘱："办大事者，以多选替手为第一义。满意之选不可得，姑且取其次，以待徐徐教育可也。"其后曾国荃屡遭弹劾，物议也多，曾国藩认为是他手下无好参谋所致。

在谈到用人才时，曾国藩特别强调了要小心谨慎，尽可能人尽其才，才尽其用，量才录用，扬长避短。

与此相反，曾国藩拒绝幕僚的正确建议，而遭失败或物议鼎沸的事例也不少，曾国藩晚年对此也颇为后悔。总体而言，曾国藩能够虚心纳言，鼓励幕僚直言敢谏，这对他事业成功有很大帮助。有人评论说：曾国藩"以儒臣督师，削平大难，蔚成中兴之业，固由公之英文巨武蕴积使然，亦由幕府多才，集众思广众益也。"

比较而言，曾国藩对幕僚的影响显然会更大、更深远一些。多年来，他一直对其幕僚精心培养，视若子弟，除为数不多的几个老朋友和宿儒之外，一般幕僚亦对曾国藩尊之为师，极为崇拜，一言一行无不视为楷模。从道德修养、为人处世到学术观点、文学理论，乃至政治、军事、经济、外交等方面，都不同程度地受到他的影响。尤其经常在他身边的人员，与之朝夕相处，耳濡目染，日积月累，潜移默化，于不知不觉之中，已受其熏陶，增长了见识和才干。正如薛福成说的那样，他们虽专属一行，却能让他们的智慧汇集一点。比如引水，幕府就是水渠。若要说种庄稼，那么幕府就是播种的地方，因而他能获得很多人才。

曾国藩的另一幕僚张文虎在谈及幕僚易于成才的原因时也说，盖"其耳闻目见较亲于人。而所至山川地理之形胜，指挥之难易，军情之离合，寇形之盛衰变幻，与凡大帅所措施，莫不熟察之，而存于心久。及其措之裕如，固不啻取怀而予。故造就人才，莫速于此。"

跟鬼谷子学绝学：历来有远见的智者都认为，为官治政，以善用人才为大学问，因为一个人的能力再大，也终究有限，只有那些善于用人之长以补己之短的人，才能成就大的事业。荀子说："登高而招，臂非加长也，而见者远；顺风而呼，声非加疾也，而闻者彰"，"假舆马者，非利足也，而致千里；假舟楫者，非能水也，而绝江河。君子生非异也，善假于物也。"善借助于物力尚且绝江河而致千里，何况善于借助人力呢？

⌒◯⌒ 善解人意，事半功倍 ⌒◯⌒

【鬼谷子语录】

无以人之所不欲而强之于人，无以人之所不知而教之于人。
人之有好也，学而顺之；人之有恶也，避而讳之；故阴道而阳取之。
故去之者，从之；从之者，乘之。

【语录精解】

不要将别人所不乐意接受的，强加于人；不要将别人所不知
道的，去教训别人。别人有所喜爱，可以学习迎合他的兴趣；别
人有所憎恶，回避而不言及。所以用隐秘的方法进行而公开地收获。
所以要去除某事就可以放纵它，放纵的目的在于寻找可乘之机。

以物质奖励的方式来吸引人才，激励其发奋工作是一种有效的途
径。如胡雪岩决定让原大源钱庄的一般伙计刘庆生来担当档手。一年
二百两银子，实在是高薪延聘，连刘庆生都感到这实在是太慷慨了。

但这一慷慨，也着实厉害得很。首先，它一下子就打动了刘庆生
的心。当他气派地将二百两银子的预付薪水拿出来的时候，刘庆生一
下子便激动不已，他对胡雪岩说："胡先生，你这样子待人，说实话，
我听都没听说过。铜钱银子用得完，大家是一颗心。胡先生你吩咐好
了，怎么说怎么好！"这意味着胡雪岩的银钱一下子就买下了刘庆生

的一颗忠心。

其次，胡雪岩的慷慨也一下子安定了刘庆生的心。正如胡雪岩为刘庆生打算的，有了这一年二百两银子，可以将留在家乡的高堂妻儿接来杭州，上可孝敬于父母，下可尽责于儿女，这样就再无后顾之忧，自然也就能倾尽全力照顾钱庄生意了。而且，手里有了钱，"心思可以定了，脑筋也就活了，想个把主意，自然就高明了"。

不用说，就是这一慷慨之举，胡雪岩便得到了一个确实有能力，也确实是忠心耿耿的帮手，阜康钱庄的具体营运，他几乎可以完全放手了。

胡雪岩非常注意运用物质利益笼络人心的手段。阜康银号业务发达后，在通都大衢遍设分号，据陈代卿《慎节斋文存》记载，每当胡雪岩雇用号友时，"必询其家食指若干，需用几何，先以一岁度支畀之，俾无内顾忧"。这样，一则使雇员专心致志，二则使他们感恩戴德，干起活来，自然更卖力。胡雪岩进行利益驱动的方式主要有两种：一是红利均沾，一是入股合伙。对于没有资本的伙计，采取根据经营好坏，年底分红的方式。对于有本钱者采取入股合伙的方式。如资本者老张就采取分红方式，在河道上颇有影响的尤五采取入股方式，使大家都有好处可得，并把各自的利害得失与胡雪岩捆在一起，一荣俱荣、一损俱损。这样，为胡雪岩效力也是为自己效力，为自己奔波也是为胡雪岩奔波，当然齐心合力了。

胡雪岩对有功者，特设"功劳股"，这是从盈利中抽出的一份特别红利，专门奖给对胡氏事业有贡献的人。功劳股是永久性的，一直可以拿终生。有位叫孙永康的年轻药工就曾获得此项奖励。有一次，胡庆余堂对面一排商店失火，火势迅速蔓延，眼看无情的火焰扑向胡

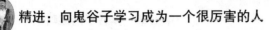

庆余堂门前的两块金字招牌，孙永康毫不犹豫地用一桶冷水将全身淋湿，迅速冲进火场，抢出招牌，头发、眉毛都烧掉了，胡雪岩闻讯，立即当众宣布给孙永康一份"功劳股"。

他的做法，既有人情，又有远见。胡雪岩不惜重金地招揽人才。在他看来，以财揽才就如将钱买货，货好价必高，值得重金揽得的人也必是忠心而得力的人，他曾说："眼光要好，人要靠得住，薪水不妨多送，一分钱一分货，用人也是一样。"他说用人和买物一样，"一分钱，一分货"，话糙理不糙。同时，胡雪岩也从不以自己生意的赚赔来决定给自己手下人报酬的多寡，无论赚赔，即使自己所剩无几甚至吃"宕账"，该付出的也绝对是一分不少。

更可贵的是胡雪岩在对人的问题上从来不吝惜钱财，显示出他对人的一种真正的尊重。比如胡雪岩的胡庆余堂设有"养俸""阴俸"两种规矩。"养俸"，类似我们今天的所谓退休金。胡庆余堂上自"阿大"、档手，下到采买、药工以及站柜台的伙计，只要不是中途辞职或者被辞退，年老体弱无法继续工作之后，仍由胡庆余堂发放原薪，直至去世。而所谓"阴俸"，则是胡庆余堂的雇员去世以后给他们的家属的抚恤金。这当然是针对那些为胡庆余堂的生意发展作出过很大贡献的雇员。胡雪岩规定，这一部分雇员去世以后，他们在世时的薪金，以折扣的方式继续发放给他们的家属，直至这些家属们可以维持与该雇员在世时相同的生活水平为止。"养俸""阴俸"都是如此优厚的待遇，对于那些雇员们的影响，就不问可知了。

胡雪岩的这种不惜重金聘人才的思想，在他的经商过程中收到了卓著的成效，也给后来人以很大的影响。后来的民族资本家的典型代表，享有"中国企业大王"美称的刘鸿生，就是一个以高薪寻高才的典型。

刘鸿生创业之初，看好了火柴行业，办起了一家鸿生火柴厂。企业办起来了，但是，由于技术、销售、管理等各个环节，没有可靠的人才，往往还会中途夭折。因而，当企业在某一环节急需特殊人才的时候，不失时机地以重金聘用专门人才，也成为刘鸿生的一个妙招。

鸿生火柴厂初期生产的产品，存在着两个缺点：一、火柴药头受潮后要脱落；二、火柴盒子的磷边很容易磨损。因为存在这两个缺点，很难与"洋火"开展竞争。怎么办？刘鸿生四下访问，终于找到了一个合适的人选：林天骥。林留学美国获得化学博士学位，回国后担任沪江大学教授。他不惜"三顾茅庐"，不惜以一千元月薪的重金，热情邀请林教授兼任火柴厂工程师。而当时，学徒的薪金每月只有二三元，普通工人只有十来元，他本人的月薪也不足一千元。一个普通工程师兼职得到一千元月薪，在那时华商企业中是绝无仅有的。这也足以体现刘鸿生的人才观。当然，拿了相当于2万多斤大米月薪的林教授，没有辜负刘鸿生的厚望，用半年时间，解决了上述两个问题。不但使鸿生火柴在国内立住了脚，还能远销到东南亚。

20世纪20年代后期，刘鸿生买进了倒闭的中国第一毛纺厂，改名为裕华毛绒纺织品公司（后又改名为章华毛绒纺织品公司）。第一毛纺厂自开工之后，由于管理者不得法，一路亏损，撤换了经理，仍旧亏损。一连换了四任经理，还是不能挽回惨局。他看到症结所在，于是，在报上登广告，许以20万元天文数字的酬金，招聘能扭亏为盈的高才。这么高价格招聘人才，在当时是开先河的，社会各界为之轰动。有个叫程彭年的企业家揭了榜。程彭年走马上任，大胆改革，苦研技术，猛拓销路。一二年之后，企业终于走出泥潭，出现盈利。

刘鸿生没有悔约，爽然给他 20 万酬金。

这样的重金招聘，使刘鸿生爱才识才的名声传播在外，招来了无数的优秀人才，助企业渡过了一个又一个难关，使刘鸿生得到了"中国企业大王"的美誉。

我们常说有钱要花在刀刃上，在生意场上，得力的人才当然是刀上之刃，为延揽人才，所花的重金也是值得的。

跟鬼谷子学绝学：做生意要人才、要帮手，但怎样才能招揽到优秀的人才呢？最基本的一条就是给予物质奖励。胡雪岩深谙其中之妙，他招揽人才的一个很重要的手段就是以财买才，以财揽才。他这种"以欲从人"的关心员工的物质利益的做法，充分调动了员工的积极性，从而使他们为胡氏商业王国尽心尽力。

火眼金睛，慧眼识人

【鬼谷子语录】

貌者不美又不恶，故至情托焉。可知者，可用也；不可知者，谋者所不用也。故曰：事贵制人，而不贵制于人。制人者，握权也。见制于人者，失命也。故圣人之道阴，愚人之道阳；智者事易，而不智者事难。以此观之，亡不可以为存，而危不可以为安；然而无为而贵智矣。智贵于众人之所不能知，而能用于众人之所不能见。

【语录精解】

那些外表形色不轻易表现喜怒的人，可以将大事托付给他。可以知心的人，就可以任用；不能知心的人，深谋远虑的人不会任用他。所以说，事贵主动，先发制人，不应处于被动，被他人所制。所谓控制别人，就是掌握了事情的主动权；所谓被人控制，就是命运掌握在别人手中。所以圣德的人行事的方法是隐秘的，而愚笨的人行事的方法则张扬外露。聪慧的人容易成就事业，而愚笨的人成事却很难。由此看来，国家一旦灭亡就很难复兴图存，国家一旦处于危难之中就很难转危为安，然而精通谋略的智者就能够有所作为。智慧是用在普通人不能了解，又不能见到的地方。

如果要不断地发展事业，就需要一批博学多才的青年才俊作为新鲜血液注入到企业中来。这样不但可以弥补"老臣"们胆识、胸襟和见识上的不足，更可以推动事业不断前进，适应社会的不断变化。

元老重臣经验丰富，老成持重，但却往往拙于开拓，缺乏闯劲。李嘉诚深谙此理。因此，他虽然一直看重那些初期的创业伙伴，但并不一味依赖元老重臣。有鉴于此，在事业上小有成就之后，李嘉诚便决定起用新人。

在长实管理层的后起之秀中，最引人注目的要数霍建宁。他之所以引人注目并非因为他经常抛头露面。实际上，他主要从事幕后工作。此人擅长理财，负责长实集团的财务策划，他处事较为低调，认为自己不是个冲锋陷阵的干将，而是个专业管理人士。

霍建宁毕业于香港名校香港大学，随后赴美深造。1979年学成回港，被李嘉诚招至旗下，出任长实会计主任。他持有英联邦澳洲的特许会计师资格证（凭此证可以去任何英联邦国家与地区做专业会计师）。李嘉诚很赏识他的才学，1985年委任他为长实董事，两年后又提升他为董事副总经理。此时，霍建宁才35岁，如此年轻就担任香港最大集团的要职，实属罕见。

霍建宁不仅是长实系四家公司的董事，还是与长实有密切关系的公司如熊谷组（长江地产的重要建筑承包商）、广生行（李嘉诚亲自扶植的商行）、爱美高（长实持有其股份）的董事。

传媒称霍建宁是一个"浑身充满赚钱细胞的人"。长实集团的重大投资安排、股票发行、银行贷款、债券兑换等，都是由霍建宁亲自去办或参与决策的。这些项目，动辄涉及数十亿资金，亏与盈都取决于最终决策。从李嘉诚对他如此器重和信任来看，可知盈大亏小。

霍建宁本人的收入也非常可观。当时他的年薪和董事袍金，再算上非经常性收入如优惠股票等已达1000万以上。到了1999年其年收入更是高达2.7亿，连续多年蝉联香港"打工皇帝"称号。

1993年霍建宁坐上和黄"大班"之位。他在任期内的一个代表作，是令多年亏损的赫斯基石油转亏为盈。1999年年末他促成了多宗大交易，将和黄发展成名牌电讯商。2000年和黄被国外的杂志选为全港最佳管理公司，霍建宁立下了汗马功劳。另外，和黄以高价"卖橙"（把和黄手中的欧洲移动电话业务Orange出售给全球最大的移动电话运营商沃达丰）后，一次盈利高达1173亿港元，论功行赏之下，身为集团总经理的霍建宁一人获得1.646亿港元红利，占全部红利的50%。

年薪2.7亿港元是一个什么样的概念呢？它相当于平均月薪2283万港元，即使以每天上班12小时计算，霍建宁每工作一分钟，银行户头即可进账1040港元，每日薪酬达75万港元。

这个数字甚至比一些蓝筹公司的全年盈利还高。

人们常说霍建宁的点子物有所值，他是香港"食脑族"（靠智慧吃饭）中的大富翁。另外，霍建宁还为李嘉诚充当"太傅"的角色，肩负着培育李泽楷、李泽钜的重要职责。由此看来，李嘉诚十分重视对专业管理人才的任用，将之视为事业拓展的基石。不但能够不拘一格委以大任，而且给予其相应的收益，以增强其归属感。

在长江公司高级管理层中，还有一位名叫周年茂的青年才俊。

周年茂是长实的元老周千和的儿子。周年茂还在学生时代时，李嘉诚就把他当作长实未来的专业人才培养，并把他和其父周千和一道送往英国专修法律。当周年茂学成回港后，很自然地就进了长实集团，

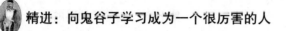

并被李嘉诚指定为长实公司的代言人。仅仅两年后，周年茂就被升为长实董事，1985 年后又与其父亲周千和一道擢升为董事副总经理。当时，周年茂才 30 岁。

有人说周年茂一帆风顺，飞黄腾达，是得其父的荫庇——李嘉诚是个很念旧的主人，为感谢老功臣之劳，故而爱屋及乌。

这话虽有一定的道理，但并不尽然。李嘉诚的确念旧，却不能说周年茂的高升是因为李嘉诚对他的关照。其实，最主要的一点，仍然是他自身具备的相应实力，有足够的能力担任重任。

据长实的职员说："讲那样的话的人，实在是不了解我们的老细（板），对碌碌无为之人，管他三亲六戚，老细一个都不要。年茂年纪虽轻，可是叻仔（有本事的青年）呀。"

周年茂走马上任，任副总经理，是顶替移居加拿大的盛颂声的缺位，负责长实系的地产发展。压在周年茂肩上的担子比盛颂声在职的时候还要大，肩负的责任还要多。周年茂上任后，积极开展工作，接连落实了茶果岭丽港城、蓝田汇景花园、鸭利洲海怡半岛、天水围的嘉湖花园等大型住宅屋村的发展规划，顺利完成李嘉诚的迂回包抄计划，以自己的能力赢得了李嘉诚的信任。于是，李嘉诚将更大的重任托付于他。

他不负众望，凭着出色的工作业绩得到了公司上下的一致好评。以往长实参与政府官地的拍卖，都是由李嘉诚一手包揽，全权掌握。而现在，同行和记者经常看到的长实代表，却是周年茂那张文质彬彬的年轻面孔。只有资金庞大的项目才会由李嘉诚亲自出面进行。

周年茂虽然看起来像一位文弱书生，却颇有大将风范，指挥若定，调度有方，临危不乱，该进该弃，能较好地把握分寸，做到了收放自如。这让李嘉诚非常放心。

现在长实的地产发展有了周年茂，财务策划又有了霍建宁，楼宇销售方面则有一名女将洪小莲。"三驾马车"把长实带向了更高更远处。

从对周年茂的重用上，可以看出李嘉诚的确很念旧，爱屋及乌。不过，更重要的一点是，他看重的是能力而不是背景，以重贤任能为原则。

李嘉诚任用俊才，把自己从事无巨细一把抓的初级阶段给释放了出来，得以将主要精力放到了事关全局的重大决策上。

新人才有新思想，高干劲，一个企业要不停地注入新鲜的血液，才能永远充满活力。

跟鬼谷子学绝学："造物之前先造人才。"重用新人就是一个"造就人才"的过程。对他们委以重任，让他们参加到事业中来，不仅是给新人一个机会，也是给自己一个机会——新人会以其特有的思想，向上的朝气，为你的事业带来新的气象。不可否认，重用新人的前提是你能够发现新人才并冒着可能失败的风险对其委以重任——这就需要你拥有猎人般的眼光和过人的胆识了。

ꕥ 机遇难觅，要有眼光 ꕥ

【鬼谷子语录】

既用，见可否，择事而为之，所以自为也。见不可，择事而为之，所以为人也。故先王之道阴。言有之曰：天地之化，在高与深；圣人之制道，在隐于匿。非独忠信仁义也，中正而已矣。道理达于此义者，则可与言。由能得此，则可与谷远近之义。

【语录精解】

施展智谋时如果可行，就选择事情去做，这是为了自己去做；如果不可行，也选择事情去做，这是为了别人去做。所以古圣先王行事的法则隐秘，有这样一句话："天地能生长万物，在于其高大与深厚；圣人处世的法则，在于其巧妙地隐秘藏匿。不仅仅是用忠、信、仁、义，只要是中正之道都可采用。"能通达此理者，才可以与他谈论大事。能够掌握这一法则，就可以培养远近的关系，从而成就天下大事。

胡雪岩说："一个人如果要有所成就，一半靠本事，一半靠机遇。在我这方面说，挣钱靠眼光、靠手腕、靠精神力气。"

胡雪岩做生意靠的是眼光、手腕、精神力气，这话确实不假。靠眼光，能够发现发财的机遇；靠手腕，就是能够牢牢抓住机遇；靠精神力气，就是舍得投入心力，把那一个一个被自己发现的或遇到的机会，经营成一个一个实实在在的财源。做生意要有机会，更要靠本事。

比如生丝生意，胡雪岩生活的时代正是西方资本主义工业生产，特别是纺织工业大发展的时期，丝绸纺织正需要原料，洋人也需要从中国大量进口蚕丝，因而无论是做内贸，还是做洋庄，都能赚大钱。胡雪岩要做生丝生意，表面上看，是偶然的机会在起作用。但归根到底是胡雪岩具有独到的眼光和手腕。王有龄出任湖州知府，胡雪岩送他到湖州上任。三吴之地，水网四通八达，由杭州到湖州，自然船行水路比陆路车马方便，因此，这一行，胡雪岩又雇请了阿珠家的客船。胡雪岩在阿珠家的客船上与阿珠娘一夕交谈，也促成了他涉足生丝生意的决心。

江浙一带是著名的生丝产地，清政府在苏、杭专门设置织造衙门，杭州下城一带，更是机坊林立。苏杭一带的女子，十一二岁便学会养蚕缫丝，养蚕人家一年的吃喝用度，乃至婚丧嫁娶的大事开销，都大体得自每年三四月间一个蚕忙季节的辛苦。缫丝织绸自然也有大讲究。丝分三种，上等茧子缫成细丝，上、中等的茧子缫成肥丝，剩下的则仅成等外的粗丝。织绸则一定要以肥丝为纬，细丝为经，粗丝是不能上织机的。王有龄任职的湖州就是江浙一带有名的蚕丝产地，产出的细丝号称天下第一，湖州南浔七里地所产七里（缉里）丝，据称可与黄金等价，连洋人也十分看好。

胡雪岩在此之前其实已经动了做生丝生意的念头，他本来就是杭州人，自然不会不知道湖州生丝的好处，也不会不知道生丝生意有钱好赚，只是此前他既没有资本和条件来涉足这一行生意，同时，也确实是不太懂这门生意。这次送王有龄赴任至湖州，而湖州正是阿珠家乡，阿珠娘虽已随阿珠爹经营一条客船十几年，但自小耳濡目染，也颇懂得一些关于养蚕、缫丝甚至茧、丝生意的事情。

胡雪岩在旅行途中与阿珠娘船上一夕交谈，大开了眼界。他细致

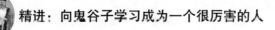

了解到一些有关养蚕缲丝的常识，比如土法缲丝是怎么回事，比如丝分三种等；也知道了专做生丝生意的茧行、丝行的一些门道，比如带了现银到产地去买丝的叫"丝客人"，在产地开丝行收购新丝从中取利的叫"丝主人"；比如丝行之中买当地用的小户叫"用户"，专做中间转手批发生意的叫"划庄"，这一行中还有专和洋鬼子做丝生意的"广行""洋庄"。

此外，他还知道了做丝生意其实也没什么了不起的诀窍，不过就是一要懂得丝的好坏，二要了解丝的实情。虽然丝价每年有起落，但收新丝总是便宜而有赚头的。而且，丝价的行情，其实多半是做出来的，往往掌握在几个大户手里，取决于大户的操纵。比如主要做蚕茧生意的茧行，同行有"茧业公所"，新茧上市，哪一天开称收茧，哪一天封称停收，以至蚕茧价格，都是同行公议，不得私自变更。蚕农出卖蚕茧，无论在哪里都是一个价，而且就是这个价，愿意就愿意，不愿意拉倒。而事实上在这一方面，胡雪岩相信自己无疑是个行家。了解这些情况之后，胡雪岩立马就和阿珠娘商量，自己出资请阿珠父亲出面做"丝主人"，在湖州开一家丝行，自己做"丝客人"，并要求他们此次一回湖州就着手一切事宜。他这样安排，一是因为王有龄已经被派湖州知府，自己要避嫌；二来也是他准备将来就以代理的湖州公库的资金买丝，然后在杭州脱手解"藩库"，这样等于是无本生意。

跟鬼谷子学绝学：机遇实际上对所有的人都是均等的。说到底，任何一个机遇都在于人是否有本事去把握住，否则，这机遇对于人来说也就不成其为机遇。胡雪岩能牢牢把握住一个又一个的机遇，花样百出也是鲜招百出，这就是他的本事。胡雪岩说过，对于会动脑筋的人来说，遍地都是财源。